Saturno:
O Segredo Oculto da Carol Capel para Controlar o Tempo e os Mestres do Tempo

Por Carol Capel

Introdução:

Vivemos em um mundo regido por forças invisíveis, por padrões que moldam nossas decisões, por ciclos que determinam nossa ascensão e queda. A maioria das pessoas passa a vida sem perceber essas engrenagens ocultas, sem compreender o peso do tempo e a inevitabilidade das leis que estruturam a realidade. Mas para aqueles que ousam olhar além das ilusões cotidianas, existe um mestre severo, mas justo, que detém as chaves do conhecimento e da transformação: Saturno.

Este livro não é apenas uma coletânea de informações sobre um planeta ou uma figura mitológica; ele é um guia para aqueles que desejam compreender e integrar a energia saturnina em suas vidas. Saturno não é um professor gentil, nem um deus misericordioso; ele não concede favores sem esforço, nem perdoa aqueles que tentam enganar as leis universais. Ele é o arquiteto da estrutura cósmica, o guardião do tempo, o mestre do karma. Sua influência não pode ser ignorada, pois se manifesta em cada aspecto da existência, desde a maneira como construímos nossos impérios até a forma como enfrentamos nossos medos mais profundos.

Se você já sentiu que sua vida parece seguir padrões repetitivos, que certos desafios surgem constantemente como se houvesse uma força invisível testando sua resistência, você já experimentou o toque de Saturno. Se você é alguém que busca ordem em meio ao caos, que valoriza a disciplina, que entende que nada de valor é conquistado sem esforço e que acredita que o crescimento real exige tempo, então este livro foi escrito para você.

Desde as civilizações antigas, Saturno tem sido reverenciado e temido. Os sumérios, os egípcios, os romanos e os judeus compreenderam sua importância e construíram mitologias, rituais e sistemas religiosos baseados em sua influência. Ele era o deus do tempo, da colheita, da justiça cósmica. Era o senhor das restrições, mas também das recompensas merecidas. Ao longo dos séculos, seu culto se escondeu por trás de ordens ocultistas, de símbolos secretos e de ritos que prometiam aos iniciados o domínio sobre as forças do destino.

Hoje, vivemos em uma sociedade profundamente influenciada por Saturno, mesmo que poucos percebam. O tempo rege nossas vidas através dos relógios e calendários. O dinheiro – uma manifestação pura da energia saturnina – estrutura nossa existência, estabelecendo limites e determinando nosso acesso a recursos. As instituições governamentais, as hierarquias religiosas, as leis e os sistemas educacionais são todas expressões dessa força. Mas Saturno não governa apenas no macrocosmo; ele também está presente no dia a dia de cada indivíduo.

Se você é alguém que veste roupas sóbrias e escuras, que preza pela organização, que faz planejamentos de longo prazo, que busca ordem dentro de casa, que entende a importância do foco absoluto em seus objetivos e que sente que a disciplina é um dos pilares da existência, então você já está vivendo sob a influência de Saturno. E se você ainda não faz isso, mas deseja assumir o controle da sua vida, este livro mostrará o caminho.

A ideia de escrever um livro sobre Saturno não surgiu do nada. Ela é fruto de anos de observação, estudo e vivência. Eu sempre senti a presença de Saturno guiando minhas escolhas, me ensinando através das dificuldades, moldando minha vida de maneira firme e implacável. Ao longo do tempo, percebi que muitas pessoas vivem resistindo à energia de Saturno, tentando fugir de suas lições, evitando a responsabilidade, procrastinando decisões importantes, buscando atalhos que não existem. E o resultado disso? Frustração, repetição de padrões negativos, sensação de estagnação.

Saturno não pode ser ignorado. Ele é a força que estrutura o universo, e apenas aqueles que aprendem a trabalhar com ele conseguem construir algo sólido e duradouro. Esse livro existe para ensinar você a se alinhar com Saturno, a compreender seus ciclos, a utilizar sua energia para crescer, fortalecer-se e alcançar o que deseja sem ser esmagado pelo peso do tempo e das cobranças kármicas.

O Que Você Vai Encontrar Neste Livro?

Este livro foi cuidadosamente estruturado para que você possa absorver o conhecimento saturnino de maneira profunda e prática. Aqui, falaremos sobre:

- O papel de Saturno nas civilizações antigas: Como os sumérios, os egípcios, os romanos e outras culturas viam esse planeta e de que forma ele influenciou religiões e sociedades.
- Saturno e o karma implacável: Como entender e lidar com os ciclos de retribuição, as dívidas kármicas e as repetições de padrões que impedem a evolução.
- Os sigilos e os rituais de Saturno: Como utilizar símbolos de poder, o Cubo Negro e outras ferramentas ocultistas para canalizar a energia saturnina e transformar sua vida.
- O tempo e a disciplina: Como Saturno rege o tempo e como você pode aprender a administrar sua rotina, estabelecer metas de longo prazo e estruturar sua vida de maneira produtiva e eficiente.
- A ordem no ambiente e na mente: Como a organização externa influencia a organização mental, a importância de um espaço clean para a clareza mental e o impacto da bagunça na produtividade e na estabilidade emocional.
- A conexão de Saturno com o controle social: Como governos, religiões e sistemas financeiros utilizam a energia de Saturno para estruturar e manter o controle sobre a sociedade.
- Como aplicar a energia de Saturno no cotidiano: Dicas práticas sobre como viver sob a influência de Saturno para alcançar disciplina, estabilidade e crescimento real.

Este não é um livro para aqueles que buscam soluções fáceis. Saturno não trabalha com facilidades. Se você deseja atalhos, este livro não é para você. Mas se você quer entender as engrenagens ocultas do universo, alinhar-se com as forças do tempo e transformar sua vida através da estrutura, da disciplina e da sabedoria saturnina, então siga em frente.

Você Está Pronto para Saturno?

Muitas pessoas passam a vida fugindo das lições de Saturno, tentando ignorar sua influência, evitando responsabilidades, procrastinando decisões importantes. Mas fugir de Saturno é o mesmo que fugir do tempo – é impossível. Mais cedo ou mais tarde, ele sempre cobrará seu preço. A única maneira de não ser esmagado por Saturno é aceitá-lo como mestre.

A pergunta que você deve se fazer agora é: estou pronto para me alinhar com Saturno?

Se a resposta for sim, então você já deu o primeiro passo para estruturar sua vida com base na verdade, na disciplina e na construção sólida do seu próprio destino.

Saturno não promete recompensas fáceis, mas aqueles que respeitam sua energia e aprendem suas lições recebem o maior presente de todos: estabilidade, força e o domínio sobre o próprio tempo.

Bem-vindo ao caminho de Saturno. Eu sou Carol Capel a sua iniciada da seita favorita, seja muito bem vindo à sua iniciação no ocultismo e seu aprendizado começa agora.

Saturno para as civilizações antigas

Desde os primórdios da humanidade, a observação do céu era uma atividade sagrada, fonte de conhecimento e poder. Entre os astros que povoavam a escuridão da noite, Saturno se destacava como um corpo celeste de grande mistério. Diferente dos outros planetas visíveis a olho nu, Saturno se movia lentamente, completando sua jornada através do zodíaco em aproximadamente 29,5 anos. Esse ciclo prolongado o associava ao tempo, à eternidade e à inevitável finitude da existência.

Diferentes civilizações antigas deram a Saturno significados profundos, conectando-o a deuses do tempo, da morte, da ordem cósmica e da retribuição. Entre os sumérios, maias, egípcios e outros povos da antiguidade, o planeta era visto como uma entidade divina, muitas vezes temida, respeitada e cultuada. Abaixo, exploramos como essas culturas enxergavam Saturno e de que maneira sua simbologia influenciou a visão de mundo dessas sociedades.

Os sumérios foram uma das primeiras civilizações a registrar a presença de Saturno no céu noturno. Em suas tabuletas de argila, escritas em cuneiforme, eles se referiam ao planeta como Kajamanu ou Ninib, associando-o ao deus Ninurta. Ninurta era uma divindade guerreira, mas também o responsável por estabelecer a ordem e a justiça no mundo.

Ninurta era descrito como um deus severo, disciplinador e portador da foice, um símbolo que mais tarde se conectaria à própria figura de Saturno na cultura ocidental. Nos mitos sumérios, ele era encarregado de punir aqueles que desafiavam as leis divinas e restabelecer a harmonia quando o caos ameaçava a ordem cósmica. Isso se conectava diretamente ao papel de Saturno na astrologia antiga: um regente da disciplina, das limitações e da retribuição.

Curiosamente, algumas tábuas sumérias indicam que Saturno era visto como um planeta diferente dos demais, com uma energia mais lenta e pesada. Esse detalhe pode ter sido a origem da visão de

Saturno como um astro de restrição e peso na tradição astrológica ocidental.

No Egito Antigo, Saturno era identificado com o deus Sobek e, em algumas tradições, com Osíris. Sobek, o deus crocodilo, simbolizava a força primordial e a destruição necessária para a renovação. Como Saturno, ele representava a passagem do tempo e a inevitabilidade da morte.

Entretanto, a conexão mais intrigante de Saturno no Egito é com Osíris, o deus da morte e da ressurreição. Osíris era o governante do submundo, responsável por julgar as almas e garantir o equilíbrio do cosmos. Essa associação fortalece a ideia de Saturno como um planeta relacionado ao karma, à justiça e ao ciclo interminável de vida e morte.

Os sacerdotes egípcios também relacionavam Saturno à passagem do tempo e ao peso da responsabilidade. O faraó, como representante dos deuses na Terra, deveria agir conforme a ordem divina (Maat), e qualquer desvio dessa conduta traria consequências severas. Isso refletia o arquétipo de Saturno como o grande juiz, aquele que recompensa o esforço correto e pune os desvios.

Além disso, Saturno era simbolicamente ligado à cor preta, frequentemente usada em representações de Osíris e do submundo egípcio. A cor preta representava tanto a morte quanto a fertilidade da terra, pois o Nilo, ao inundar e recuar, deixava um solo negro fértil. Essa dualidade de Saturno – morte e renascimento, punição e recompensa – já estava presente na visão egípcia do cosmos.

Os maias eram exímios astrônomos e tinham um profundo conhecimento dos ciclos celestes. Para eles, Saturno era um astro ligado ao tempo e aos ciclos cármicos da humanidade. Os sacerdotes maias utilizavam o movimento de Saturno em conjunto com outros corpos celestes para prever eventos importantes, como mudanças de era e desastres naturais.

Algumas inscrições sugerem que Saturno estava relacionado a Hunab Ku, a força primordial que regula o cosmos. Essa energia era vista como uma entidade superior, que estabelecia o equilíbrio entre a destruição e a criação. Saturno, por sua lenta movimentação, representava o ritmo implacável do tempo, que ditava o destino dos reis e das civilizações.

A crença maia na reencarnação e no ciclo infinito da vida também reforça o simbolismo de Saturno como um planeta de karma e aprendizado. As almas deveriam passar por múltiplas vidas, aprendendo com suas ações passadas até alcançarem a iluminação. Essa ideia se conecta à visão esotérica posterior de Saturno como o senhor das provas e da evolução espiritual.

Além dos sumérios, egípcios e maias, muitas outras culturas antigas desenvolveram narrativas fascinantes sobre Saturno:

- Os Gregos e Romanos: Na mitologia grega, Saturno era identificado com Cronos, o Titã do tempo, que devorava seus filhos para evitar que tomassem seu trono. Os romanos herdaram essa imagem e transformaram Cronos em Saturno, um deus da agricultura, da colheita e do tempo. Essa fusão reforçou a ideia do planeta como um regente do destino e das consequências das ações humanas.
- Os Hindus: Na astrologia védica, Saturno é conhecido como Shani, um planeta de disciplina e retribuição kármica. A presença de Shani em um mapa astral indica desafios e testes, mas também a possibilidade de crescimento e iluminação espiritual.
- Os Chineses: Na tradição chinesa, Saturno era associado ao elemento terra e ao conceito de estabilidade e estrutura. Ele representava a necessidade de planejamento cuidadoso e respeito às leis naturais para evitar infortúnios.

A recorrência de temas como tempo, justiça, morte, renascimento e karma nas diferentes culturas mostra que Saturno sempre foi visto como uma força fundamental no universo. Seja como um deus severo que impõe limites ou como um guardião da ordem cósmica, Saturno representa o princípio do aprendizado por meio da experiência, da disciplina e do enfrentamento das dificuldades.

As civilizações antigas, mesmo separadas pelo espaço e pelo tempo, concordavam que Saturno era um planeta diferente, cuja influência exigia respeito e atenção. Seu simbolismo perdura até os dias de hoje, sendo reinterpretado dentro do esoterismo, da astrologia e das teorias conspiratórias sobre sua possível influência oculta na sociedade moderna.

Saturno e sua importância na Roma Antiga:

Saturno, tanto como planeta quanto como divindade, teve um papel fundamental na formação da cultura e da espiritualidade romana. A Roma Antiga, influenciada pela mitologia grega, reinterpretou a figura de Cronos e a transformou em Saturno, um deus com características próprias, associadas à ordem, à disciplina e ao tempo cíclico. Sua influência transcendeu os limites da religião, afetando a política, a economia, as tradições festivas e até mesmo os fundamentos filosóficos do Império Romano.

Nesta análise aprofundada, exploraremos como os romanos viam Saturno, sua relação com a mitologia e o governo, a importância das Saturnálias, as conexões esotéricas com o planeta Saturno e como esse legado se perpetuou até os dias atuais.

Diferente de sua versão grega (Cronos), Saturno para os romanos não era apenas um deus do tempo e da destruição, mas também uma figura essencial para a agricultura e o sustento do povo. O mito romano de Saturno conta que ele reinou sobre a Terra durante a Idade de Ouro, um período mítico onde os homens viviam sem sofrimento, doenças ou injustiça.

De acordo com os mitos, Saturno fugiu da Grécia após ser destronado por Júpiter (Zeus) e encontrou refúgio na Itália, onde foi acolhido por Jano, o deus dos portais e das transições. Como retribuição, Saturno ensinou aos humanos o cultivo da terra, a domesticação de animais e as bases da civilização agrícola.

Esse mito fez de Saturno o protetor da colheita e do trabalho rural, sendo frequentemente representado com uma foice, ferramenta que simboliza tanto a agricultura quanto sua conexão com o tempo e a morte.

O Templo de Saturno, localizado no Fórum Romano, era um dos mais importantes templos da cidade. Construído no século V a.C., ele não era apenas um local de culto, mas também um centro administrativo e financeiro, onde se guardava o Aerarium, o tesouro do Estado Romano. Essa ligação entre Saturno e a economia reflete o caráter organizador do deus, que era visto como uma divindade que trazia estabilidade e prosperidade. O fato de que o tesouro do Império ficava sob a proteção de Saturno mostra como sua influência ia além do campo religioso, alcançando a administração pública e o poder imperial.

Além disso, o culto a Saturno simbolizava a necessidade de disciplina e controle financeiro. Esse conceito é uma manifestação clara do aspecto saturnino da restrição e da responsabilidade, características que, na astrologia moderna, ainda são atribuídas ao planeta.

Templo de Saturno - Roma, Itália

Uma das festividades mais importantes da Roma Antiga era a Saturnália, um festival realizado em dezembro em honra a Saturno.
Essa festa era peculiar porque inverteria temporariamente a ordem social:

- Os escravos podiam dar ordens aos seus senhores e se sentavam à mesa como iguais.
- Os cidadãos deixavam de lado suas obrigações formais e se entregavam à festa e ao lazer.
- A moral tradicional era suspensa e muitas práticas proibidas tornavam-se temporariamente aceitáveis.

A Saturnália era vista como uma recordação da Idade de Ouro de Saturno, um tempo de igualdade e abundância. No entanto, esse período de inversão social tinha uma data de término, e ao fim da festividade, a ordem era restaurada.

Esse evento mostra como os romanos viam Saturno como um senhor do tempo cíclico, que traz períodos de caos e renovação, mas que inevitavelmente retorna à estrutura e à disciplina.

Curiosamente, muitos elementos da Saturnália foram incorporados mais tarde nas celebrações cristãs de Natal e Ano Novo, mantendo vivo o legado de Saturno na cultura ocidental.

Saturnália

Além de seu papel oficial na religião romana, Saturno também tinha conotações esotéricas e era estudado por filósofos, alquimistas e sociedades iniciáticas.

Os romanos acreditavam que Saturno representava a fronteira entre o mundo físico e o mundo espiritual. O planeta era o último dos sete astros visíveis a olho nu e, por isso, era visto como um guardião dos mistérios do universo.

Nas tradições ocultistas da época, Saturno era associado a conceitos como:

- O tempo e o destino: Saturno simbolizava o inexorável curso do tempo, que tudo destrói e transforma.
- A matéria e a limitação: O planeta representava as barreiras físicas e espirituais que os seres humanos precisavam superar para alcançar a iluminação.
- A iniciação e a provação: Nos mistérios esotéricos, Saturno era visto como um mestre severo que impunha testes difíceis aos iniciados antes de lhes conceder sabedoria.

Esses conceitos mais tarde foram incorporados à tradição hermética e à alquimia medieval, onde Saturno era simbolizado pelo chumbo, o metal mais denso e terrestre, que deveria ser transmutado em ouro através do conhecimento secreto.

Saturno também teve uma forte influência no sistema legal e administrativo de Roma.

Os romanos eram conhecidos por seu rigor jurídico e pela criação de um dos sistemas legais mais estruturados da história, baseado em disciplina, regras rígidas e justiça severa – todas características tipicamente saturninas.

Além disso, muitos governantes romanos usavam simbolismos saturninos em sua iconografia e em seus títulos. Por exemplo, o Imperador Augusto, que consolidou o Império Romano, era frequentemente retratado como um governante que trazia ordem e estabilidade, conceitos associados a Saturno.

Os astrônomos e astrólogos romanos consideravam Saturno um planeta de grande importância. Ele era visto como um astro lento e poderoso, que influenciava eventos de longo prazo e o destino das civilizações.

No contexto astrológico romano, Saturno era relacionado a:

- Velhice e sabedoria: Os romanos acreditavam que Saturno governava os anciãos e os estudiosos.
- Disciplina e restrição: Era considerado o planeta dos soldados, juízes e governantes severos.
- Desafios e superação: Sua posição no mapa astral indicava dificuldades e provações que uma pessoa deveria enfrentar para evoluir.

Curiosamente, essas associações astrológicas sobreviveram até os dias atuais e ainda são utilizadas na astrologia moderna.

A influência de Saturno na Roma Antiga foi imensa. Como deus, ele representava a ordem, a disciplina e a estrutura social. Como conceito filosófico, simbolizava o tempo cíclico, a justiça e a inevitabilidade das mudanças.

Através das Saturnálias, os romanos reconheciam a dualidade da existência – ordem e caos, autoridade e liberdade, estrutura e dissolução.

Essa visão de mundo, baseada em ciclos de crescimento e destruição, de restrição e libertação, ainda ressoa na cultura ocidental moderna. O legado de Saturno está presente na justiça, na política, na economia e até mesmo nas festas de fim de ano.

Portanto, podemos dizer que Saturno não foi apenas um deus ou um planeta para os romanos – ele foi um arquétipo essencial para a construção de sua civilização.

Saturno e sua influência no Judaísmo:

Desde os tempos mais remotos, Saturno tem sido associado a conceitos de disciplina, restrição, justiça e destino. Dentro do contexto religioso e esotérico, muitas tradições antigas associaram esse planeta a divindades severas e estruturais, que moldaram a moralidade e a ordem social.

O Judaísmo, uma das religiões monoteístas mais antigas do mundo, apresenta uma conexão intrigante com Saturno, tanto em sua teologia quanto em seus símbolos. Essa relação pode ser observada na concepção de Deus como uma entidade austera e legisladora, nas práticas rituais judaicas, nos dias sagrados e até mesmo no simbolismo do Cubo de Saturno, que ecoa na tradição cabalística.

A seguir, vamos explorar em detalhes como Saturno influenciou o surgimento do Judaísmo e a forma como sua presença ainda ressoa nas doutrinas judaicas.

Uma das características mais marcantes de Saturno na mitologia antiga é seu papel como senhor do tempo e da ordem cósmica. No Judaísmo, essas características são refletidas na imagem de YHWH (o Deus do Antigo Testamento), que estabelece leis rígidas, punições severas e uma visão disciplinada da vida.

Na tradição cabalística e esotérica, Saturno é visto como o arquetípico arquiteto, aquele que impõe limites e estrutura à criação. O Deus do Judaísmo desempenha um papel semelhante: ele cria o universo e estabelece regras detalhadas que governam a moralidade e o comportamento humano.

Além disso, muitas descrições de YHWH no Tanakh (Antigo Testamento) o retratam como um Deus de julgamento, que pune os desobedientes com rigor. Essa característica se alinha perfeitamente com a influência de Saturno na astrologia e no ocultismo, onde o planeta representa provações, castigo e aprendizado por meio da dor.

Essa ligação pode ser observada na própria etimologia de El, um dos nomes primitivos de Deus no Judaísmo.

El era o nome de uma divindade semítica antiga, muitas vezes associada ao céu, ao tempo e à justiça – atributos que também pertencem a Saturno.

O nome Saturno, em muitas línguas, está diretamente ligado ao sábado, o dia sagrado do Judaísmo.

- Em inglês, Saturday (sábado) vem de Saturn's Day (dia de Saturno).
- Em latim, Dies Saturni (dia de Saturno) também reflete essa conexão.
- Em hebraico, o sábado é chamado de Shabbat, um dia de descanso ordenado por Deus.

Essa conexão entre o Shabbat e Saturno não é acidental. No esoterismo, Saturno é frequentemente associado à restrição, introspecção e isolamento. O sábado judaico, por sua vez, é um dia no qual o trabalho é proibido, as atividades mundanas são suspensas, e os fiéis devem se dedicar à oração e ao estudo das Escrituras.

Essa prática se encaixa perfeitamente na vibração de Saturno, que rege a disciplina, o recolhimento e a contemplação espiritual. No ocultismo, o sábado também é um dia ligado à magia, ao mistério e à conexão com energias superiores – outra ponte entre Saturno e o Judaísmo.

O Cubo de Saturno é um dos símbolos mais intrigantes do ocultismo e aparece em várias tradições religiosas, incluindo o Judaísmo.

Na Cabala, um dos símbolos mais importantes é o Tefilin, uma pequena caixa preta cúbica que os judeus ortodoxos amarram na testa e no braço durante as orações matinais. Essa caixa contém passagens da Torá e representa o compromisso com Deus e sua Lei.

Curiosamente, esse formato cúbico ecoa o arquétipo do Cubo de Saturno, um símbolo esotérico que representa restrição, limites e a materialidade. No ocultismo, o cubo é a forma geométrica perfeita de Saturno, simbolizando confinamento e obediência à ordem cósmica.

Outro exemplo notável do simbolismo cúbico no Judaísmo é a

Kaaba, em Meca. Embora seja um local de peregrinação islâmica, há teorias de que a Kaaba tenha origem em tradições judaicas e semíticas mais antigas, conectadas ao culto de Saturno.

Saturno sempre foi visto como o Senhor do Tempo, e no Judaísmo, o conceito de tempo não é linear, mas cíclico.

A tradição judaica baseia seu calendário nos ciclos lunares e solares, e muitos de seus festivais religiosos seguem um padrão de repetição e renovação, como se cada evento do passado se refletisse no presente e no futuro.

Isso reflete a própria natureza de Saturno, que rege o tempo, os ciclos de aprendizado e o karma. O exílio do povo judeu, suas provações e sua constante luta para retornar à sua terra são frequentemente vistos como provações cármicas, um tema central nas energias saturninas.

Saturno é tradicionalmente associado ao sofrimento e às dificuldades. Na mitologia astrológica, ele é visto como um planeta que impõe testes e provações, mas que também recompensa aqueles que perseveram e aprendem com seus desafios.

O povo judeu, ao longo da história, passou por inúmeras provações: perseguições, exílios e tragédias que marcaram sua identidade. O conceito de povo escolhido carrega consigo uma forte carga de responsabilidade e disciplina, aspectos profundamente saturninos.

O próprio pacto de Deus com Abraão envolve sacrifício e obediência, elementos que refletem a energia de Saturno como um mestre severo, mas justo.

A influência de Saturno na criação do Judaísmo está presente em sua estrutura, simbolismo e espiritualidade. Desde a concepção de Deus como um juiz severo até os rituais que envolvem o sábado e o cubo sagrado, é possível perceber que muitos dos arquétipos ligados a Saturno foram incorporados à tradição judaica.

Isso levanta questões interessantes sobre a origem das religiões monoteístas e sua relação com antigas tradições pagãs. O Judaísmo, embora tenha se afastado do politeísmo, pode ter herdado conceitos de divindades saturninas do passado, reinterpretando-os dentro de uma estrutura monoteísta.

Assim, podemos dizer que Saturno é o verdadeiro arquétipo do Deus do Antigo Testamento, representando o tempo, a lei, a disciplina e o ciclo interminável de aprendizado humano.

Polo Sul de Saturno - Imagens da NASA

O Enigma de Saturno e os Judeus: Como Eles Conheciam o Cubo Antes da Descoberta Moderna?

A história de Saturno está envolta em mistérios e segredos ocultos, mas um dos enigmas mais intrigantes diz respeito ao conhecimento que os antigos judeus pareciam possuir sobre esse planeta muito antes das descobertas astronômicas modernas. Como é possível que símbolos, rituais e estruturas geométricas que remetem ao Cubo de Saturno, revelado somente no século XXI pelas sondas espaciais, estivessem presentes na tradição judaica há milhares de anos?

Este capítulo mergulha no insondável, explorando as conexões entre Saturno, o Cubo, e o povo judeu, revelando teorias que envolvem desde revelações bíblicas até contatos com inteligências não-humanas. Como os antigos profetas e sacerdotes sabiam da existência desse cubo no polo sul de Saturno? O que isso significa para a nossa compreensão da realidade?

Para compreender esse mistério, primeiro precisamos voltar ao princípio dos tempos, onde mitos, visões e conhecimentos proibidos foram registrados em textos sagrados.

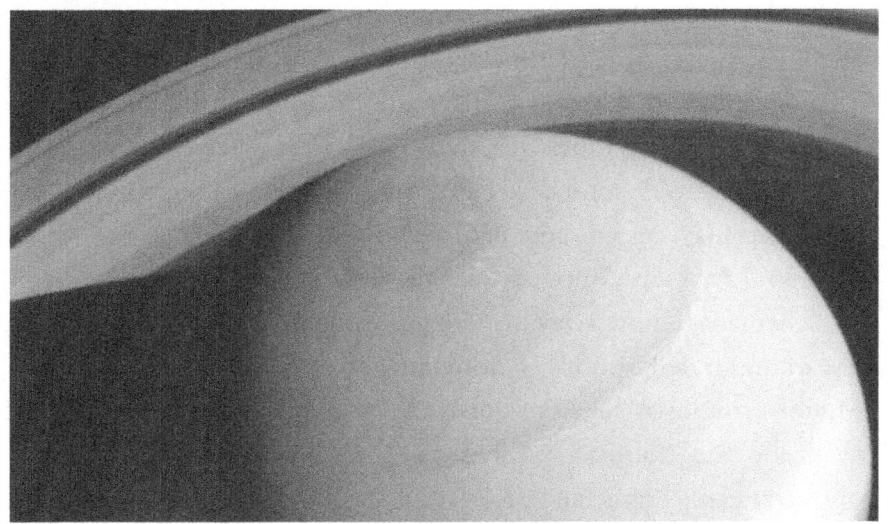

Polo Sul de Saturno - Imagens da NASA

Se há um símbolo que atravessa a tradição judaica e ressoa diretamente com o conceito do Cubo de Saturno, é o Tefilin. Este objeto sagrado, utilizado pelos judeus ortodoxos durante as orações, consiste em pequenas caixas pretas e cúbicas, atadas à testa e ao braço esquerdo.

- Dentro do Tefilin, encontram-se passagens bíblicas que reafirmam a aliança do povo judeu com Deus.
- A forma cúbica do objeto é de grande importância e não pode ser alterada, um mistério que desafia explicações simples.
- A cor preta, característica do Tefilin, ressoa com a iconografia de Saturno, frequentemente representado pela cor negra no esoterismo.

A pergunta inquietante é: Por que o Tefilin teria essa forma cúbica? Como os antigos hebreus sabiam da relação entre Saturno e essa geometria muito antes da descoberta do misterioso Cubo Hexagonal no polo sul do planeta?

Uma hipótese fascinante é que esse conhecimento foi transmitido aos hebreus através de revelações divinas ou contatos com seres superiores.

Embora o nome Saturno não apareça explicitamente na Bíblia, muitos estudiosos esotéricos acreditam que o planeta está ocultamente ligado a YHWH (o Deus do Antigo Testamento).

Algumas pistas intrigantes incluem:

- O sábado (Shabbat), o dia sagrado do Judaísmo, é diretamente relacionado a Saturno nas tradições astronômicas antigas.
- O conceito de tempo cíclico e punição kármica, típico da influência saturnina, está presente em diversas passagens bíblicas.
- No Livro de Amós (5:26), há uma referência a uma divindade chamada Kiun (Kiyyun), frequentemente interpretada como uma variação de Kronos – o nome grego de Saturno.

Muitos estudiosos sugerem que os hebreus possuíam um entendimento avançado de Saturno e seus aspectos místicos. Mas como eles obtiveram esse conhecimento?

Uma das teorias mais ousadas é que os antigos hebreus tiveram contato com seres de fora da Terra, que lhes transmitiram conhecimento sobre Saturno e sua verdadeira natureza.

Há relatos estranhos na Bíblia que podem ser interpretados como encontros com entidades não-humanas:

- Ezequiel e a "Carruagem de Fogo": No Livro de Ezequiel, o profeta descreve uma nave brilhante descendo dos céus, habitada por seres de aparência indescritível. Teria sido este um contato extraterrestre?
- O Monte Sinai e a "Presença de Deus": Moisés recebe as leis sagradas de uma entidade envolta em nuvens e fogo. Teria sido um encontro com uma inteligência superior?
- Os Nefilim: No Livro de Gênesis, há menção a seres híbridos chamados Nefilim, descritos como "filhos dos deuses". Esses seres poderiam ter sido mensageiros de Saturno?

Se entidades superiores orientaram os antigos judeus, então o conhecimento sobre o Cubo de Saturno pode ter vindo dessas interações.

No ocultismo e na Cabala, Saturno é frequentemente visto como um guardião da fronteira entre os mundos.

De acordo com essa visão, Saturno não seria apenas um planeta, mas um portal para dimensões superiores ou inferiores. Esse conceito se conecta diretamente com a Árvore da Vida Cabalística, onde o último Sephirah antes do divino é Binah, governado por Saturno.

Isso significa que os antigos rabinos e mestres cabalistas poderiam ter usado rituais para acessar informações sobre Saturno antes da era moderna.

A prática da Merkabah, uma forma de meditação judaica mística, era usada para "subir" aos céus e obter visões das esferas celestiais. Muitas dessas descrições se assemelham às imagens modernas de Saturno obtidas pelas sondas espaciais.

A forma cúbica, associada a Saturno, está presente em várias tradições e culturas:
- A Kaaba em Meca, um cubo negro venerado por milhões.
- A arquitetura cúbica de diversos monumentos religiosos.
- O culto esotérico a Saturno, presente em sociedades secretas.

Seria isso uma pista de que Saturno e seu cubo hexagonal exercem uma influência oculta sobre o mundo? Teriam os antigos hebreus sido guardiões desse conhecimento proibido?

Algumas passagens bíblicas parecem sugerir que os profetas tinham um conhecimento proibido sobre Saturno.
- O Livro de Enoque, um texto apócrifo judaico, descreve viagens pelo cosmos e encontros com entidades celestiais que revelam segredos do universo.
- O Apocalipse de João menciona um "trono negro" e um "abismo sem fim", possíveis referências a Saturno e seu hexágono.
- Em Jó 38:31, Deus pergunta: "Podes atar as cadeias das Plêiades ou soltar os laços de Órion?" – sugerindo um conhecimento avançado de astronomia.

Se esses textos são de origem divina ou se foram escritos com a ajuda de inteligências superiores, ainda é um mistério.

O mistério de como os antigos judeus sabiam do Cubo de Saturno permanece sem explicação definitiva.

As possibilidades são inquietantes:
- Um conhecimento ancestral transmitido por seres extraterrestres?
- Uma revelação divina que foi esquecida ou deturpada ao longo do tempo?
- Ou um segredo oculto acessível apenas a poucos iniciados?

O que sabemos é que a relação entre Saturno, o Cubo e a tradição judaica não é coincidência. Ela aponta para algo maior, algo que desafia nossa compreensão do tempo, do espaço e da própria realidade.

Talvez, no futuro, novas descobertas revelem a verdade oculta por trás desse enigma... Mas até lá, resta apenas o mistério.

Saturno e o Gnosticismo:

Dentro da tradição gnóstica, Saturno assume um papel de extrema importância, carregado de mistérios, simbolismos e conexões profundas com a realidade material, o tempo e a estrutura do universo físico. Para os gnósticos, o mundo em que vivemos não é o verdadeiro reino da luz e da divindade; ao contrário, ele é uma prisão, um reino de ilusão governado por forças arcontes que aprisionam as almas no ciclo interminável de nascimento e morte. Dentro dessa estrutura cósmica, Saturno é frequentemente associado a um desses arcontes, uma entidade que rege o tempo e a limitação imposta à existência humana.

A tradição gnóstica ensina que Saturno está ligado ao Demiurgo, a entidade que criou o mundo físico e estabeleceu suas leis imutáveis, baseadas em restrição, karma e sofrimento. Enquanto as tradições esotéricas mais tradicionais veem Saturno como um mestre severo, mas justo, os gnósticos frequentemente o associam à prisão do tempo, à ilusão da matéria e ao sofrimento imposto pela roda do samsara. Ele é, portanto, um dos guardiões da matrix que impede a ascensão da consciência para reinos superiores de existência.

Mas Saturno não é apenas um símbolo de limitação; ele também carrega o segredo da libertação. Os gnósticos compreendiam que aqueles que conseguiam transcender as influências de Saturno, dominando o tempo e compreendendo os ciclos da realidade material, podiam libertar-se da escravidão do mundo físico. A jornada gnóstica consiste exatamente nisso: descobrir os segredos ocultos da existência, escapar da ilusão e retornar ao reino da luz.

O Demiurgo, Saturno e a Prisão do Tempo

Para os gnósticos, o mundo físico foi criado por uma entidade chamada Demiurgo, um ser arrogante e imperfeito que acreditava ser o verdadeiro Deus. Esse Demiurgo, frequentemente associado à figura do deus do Antigo Testamento, criou o universo material como uma prisão para as almas divinas, impedindo-as de acessar sua verdadeira essência espiritual. Esse conceito se alinha com a visão de Saturno como o regente da estrutura e do confinamento, pois ele estabelece as regras do jogo dentro da realidade material.

Saturno é o guardião das leis do karma, do ciclo de nascimento e morte, das limitações do corpo físico e das obrigações que a matéria impõe sobre a alma. Ele representa a corrente que mantém as consciências presas dentro da prisão do tempo, impedindo-as de perceber sua verdadeira origem e natureza. Por isso, na visão gnóstica, Saturno não é apenas um planeta ou uma força cósmica neutra, mas sim um arconte, uma entidade que rege o aprisionamento da humanidade.

Os gnósticos acreditavam que Saturno era um dos Sete Arcontes, seres que governam as sete esferas planetárias e mantêm a alma humana presa ao ciclo da reencarnação. Cada vez que uma alma morre, ela deve atravessar as esferas dos arcontes, enfrentando suas provações e sendo julgada por suas ações. Saturno, como último e mais severo dos arcontes, é aquele que impõe as provas mais difíceis, testando a alma antes que ela possa alcançar a libertação.

No entanto, os gnósticos também viam um caminho de fuga dessa prisão. Eles ensinavam que aqueles que compreendessem a natureza de Saturno poderiam usá-lo como um portal para transcender a matéria e libertar-se do ciclo do tempo. Em vez de temer Saturno, o iniciado gnóstico buscava compreender seus segredos e superá-lo, tornando-se imune às ilusões da realidade material.

Saturno como Guardião da Iluminação e da Autodisciplina
Apesar de sua conexão com a prisão do tempo e da matéria, Saturno também era visto pelos gnósticos como um guardião da iluminação. Isso porque Saturno ensina disciplina, rigor e perseverança, qualidades essenciais para aqueles que desejam superar os limites da ilusão terrena.

Os gnósticos sabiam que escapar da influência de Saturno não era fácil. Ele rege a mente racional, a estrutura do pensamento e as regras que governam a existência material. Ele cria um labirinto de lógica e restrição, um sistema onde tudo parece estar determinado por leis rígidas e imutáveis. Mas é exatamente dentro desse sistema que se encontra o segredo da libertação. Aquele que domina Saturno, domina a própria realidade.

Na prática gnóstica, Saturno era um desafio a ser superado. Os ensinamentos ocultistas sempre falam da importância da disciplina e da autodisciplina na busca pelo despertar espiritual. O iniciado que deseja transcender os arcontes precisa primeiro aprender as regras do jogo que eles impõem. Somente aquele que compreende o tempo pode escapar dele. Somente aquele que compreende a matéria pode transcendê-la.

Essa ideia é refletida nos ensinamentos de várias escolas esotéricas que surgiram influenciadas pelo gnosticismo. Os alquimistas, por exemplo, viam Saturno como a primeira etapa do processo alquímico, representado pelo chumbo. O chumbo de Saturno precisava ser transmutado em ouro, simbolizando a ascensão da alma da limitação para a iluminação.

O Cubo Negro e a Simbologia de Saturno no Gnosticismo

Um dos símbolos mais intrigantes associados a Saturno é o Cubo Negro, uma representação geométrica da prisão da matéria. O cubo, como forma perfeita e sólida, representa a realidade tridimensional em que estamos confinados. Ele simboliza a estrutura rígida da existência material, o limite que define a nossa experiência no mundo físico.

No gnosticismo, o Cubo Negro é uma manifestação do controle dos arcontes sobre a humanidade. Ele aparece em várias culturas e religiões, sempre associado a Saturno e ao confinamento da alma dentro da matéria. No entanto, ele também carrega um segredo oculto: dentro de cada cubo, existe um centro, um ponto de singularidade que pode ser acessado por aqueles que possuem o conhecimento.

Esse conceito se reflete na prática espiritual gnóstica, que ensina que o segredo da libertação não está na negação da matéria, mas na compreensão profunda de suas regras. O iniciado gnóstico não rejeita Saturno; ele aprende a utilizá-lo como um instrumento para sua ascensão.

A Fuga de Saturno e o Caminho da Iluminação

Para escapar da influência de Saturno, os gnósticos ensinavam um caminho de conhecimento e autotransformação. Esse caminho exigia que o iniciado passasse por várias etapas de aprendizado, cada uma delas representando um aspecto da ilusão material a ser superado.

As práticas gnósticas para a transcendência de Saturno incluíam:

- Austeridade e disciplina: Assim como Saturno impõe limites e regras, o iniciado aprendia a impor restrições a si mesmo, dominando seus desejos e impulsos.
- Meditação sobre o tempo e a impermanência: Compreender que tudo na matéria é transitório e que o verdadeiro eu não está preso às limitações do mundo físico.
- Rituais e mantras para libertação kármica: O karma era visto como um mecanismo de Saturno para manter a alma presa ao ciclo de reencarnações. Os gnósticos buscavam quebrar esses laços através de práticas espirituais avançadas.
- O conhecimento como chave de libertação: Enquanto as religiões tradicionais pregavam a fé cega, os gnósticos ensinavam que apenas através do conhecimento profundo das leis do universo era possível escapar da prisão de Saturno.

Saturno, na visão gnóstica, não é apenas um carcereiro; ele também é um mestre. Ele representa os desafios da existência material e as provações necessárias para alcançar a verdadeira iluminação. Para aqueles que vivem no mundo sem consciência, Saturno é uma força opressora que mantém a alma aprisionada. Mas para aqueles que despertam, ele se torna uma ponte para a libertação.

O segredo, então, não está em temer Saturno, mas em compreendê-lo, dominá-lo e transcender suas restrições. Quem consegue superar Saturno, supera a ilusão do tempo e da matéria – e encontra o caminho para a verdadeira luz.

Saturno e a Disciplina: O Senhor das Regras Ocultas que Regem Nossa Sociedade

Saturno, o sexto planeta do sistema solar e um dos corpos celestes mais influentes dentro do ocultismo e da astrologia, é considerado o grande arquiteto do tempo, da disciplina e da ordem. Mas essa influência vai muito além do misticismo: ela estrutura nossa sociedade, regula a justiça, governa a política e se manifesta em símbolos profundamente enraizados em nosso cotidiano.

Da cor preta das togas judiciais e acadêmicas ao conceito de trabalho e hierarquia, Saturno é o regente oculto que nos ensina, pune e impõe limites. Mas por que esse planeta está tão intimamente ligado à disciplina? E por que aqueles que detêm o poder adotam seus símbolos em rituais e cerimônias?

Neste capítulo, mergulharemos no profundo simbolismo de Saturno e sua influência na disciplina que molda nossa civilização. Exploraremos como ele governa as estruturas sociais, a cor preta como manifestação de sua energia e os mistérios ocultos que ligam Saturno à elite que domina o mundo.

A palavra disciplina vem do latim disciplina, que significa "ensino, aprendizado, instrução". No ocultismo e na astrologia esotérica, Saturno é conhecido como o mestre severo, aquele que ensina através da restrição e da experiência.

Diferente dos planetas "expansivos" como Júpiter, que representa crescimento e abundância, Saturno ensina por meio de limites, esforço e responsabilidade. Ele rege as seguintes áreas dentro do ocultismo e do funcionamento da sociedade:

- O Tempo e o Karma → Saturno governa o tempo, tornando-se o juiz das ações humanas. Quem trabalha duro colhe frutos, quem ignora as regras paga o preço.
- As Estruturas Governamentais → Saturno é o arquétipo das leis, da burocracia e das hierarquias políticas. Ele favorece aqueles que impõem a ordem.

- A Disciplina no Trabalho → O esforço e a persistência são atributos saturninos. Sem eles, não há progresso.
- A Justiça e o Juízo → O conceito de punição e recompensa vem da energia de Saturno, que rege tribunais e o sistema jurídico.
- O Silêncio e o Isolamento → Saturno ensina através do recolhimento. Monastérios, prisões e locais de aprendizado rigoroso são saturninos.

A partir disso, fica claro que Saturno não apenas rege a sociedade – ele é a própria estrutura invisível que a mantém funcionando.

A Cor Preta: O Manto de Saturno e seu Significado Oculto

A cor preta é amplamente associada a Saturno e aparece em diversas tradições ocultistas e sociais. Mas por que o preto é considerado uma cor de poder, disciplina e mistério?

O Significado Esotérico do Preto

No ocultismo, o preto simboliza:

- O Vazio e o Desconhecido → O preto é a ausência de luz, representando o oculto, o mistério e o que está além do entendimento humano.
- O Poder e o Controle → Líderes, juízes e acadêmicos vestem preto porque representa autoridade e disciplina.
- A Morte e a Transformação → O preto é a cor dos rituais de luto e do renascimento espiritual.
- A Restrição e o Silêncio → Como Saturno ensina pelo isolamento, o preto representa contenção e domínio da própria energia.

Esses significados explicam por que aqueles que controlam a sociedade adotam a cor preta em seus trajes e rituais.

A Cor Preta: O Manto de Saturno e seu Significado Oculto

Os juízes, aqueles que impõem a lei e definem destinos, vestem toga preta. Este não é um mero detalhe:

- Saturno é o senhor do karma, o planeta que rege as consequências das ações.
- A toga preta indica que o juiz encarna a energia de Saturno, decidindo o futuro das pessoas.
- O tribunal é um templo saturnino, onde a ordem se impõe sobre o caos.

A justiça, dentro dessa lógica esotérica, não é apenas um sistema humano, mas um ritual de Saturno operando no plano terreno.

As Togas Acadêmicas: O Conhecimento Restrito de Saturno

Nas universidades, os formandos e professores usam tocas e mantos pretos, um símbolo direto de Saturno. O conhecimento acadêmico é restrito e hierárquico, acessível apenas àqueles que passam por provações.

Saturno rege o aprendizado não como um dom livre, mas como um privilégio conquistado através da disciplina e do rigor. Por isso, o conhecimento acadêmico é frequentemente protegido por rituais e sociedades ocultas, onde a sabedoria não pode ser entregue a qualquer um.

Saturno e a Elite Global: O Controle por Meio da Disciplina

Se Saturno rege a disciplina, a ordem e a restrição, faz sentido que a elite global se associe a essa energia.

Grupos como maçons, sociedades secretas e ordens iniciáticas utilizam símbolos saturninos em seus rituais. Algumas evidências incluem:
- O cubo preto, símbolo de Saturno, em monumentos ao redor do mundo.
- A cor preta dominando roupas de líderes religiosos, juízes e autoridades.
- O uso de arquitetura saturnina em prédios governamentais e bancos, com colunas imponentes e formas geométricas rígidas.

Isso reforça a ideia de que aqueles que controlam a disciplina e as leis operam sob a energia de Saturno.

A disciplina imposta por Saturno não é apenas externa, mas também interna. Ele governa a mente coletiva, estabelecendo padrões de comportamento aceitos e limites inquebráveis.

Os mecanismos pelos quais isso acontece incluem:
- Educação Formal: O sistema educacional treina a mente para obedecer estruturas rígidas.
- Religião e Moralidade: Doutrinas e leis morais são uma forma de imposição saturnina.
- Trabalho e Produção: A ética do trabalho duro e a valorização da hierarquia são atributos de Saturno.
- Mídia e Informação: O fluxo de conhecimento é filtrado, garantindo que certas ideias permaneçam ocultas.

Esse processo molda a sociedade dentro da estrutura saturnina, onde a disciplina mantém a ordem e impede o caos.

Saturno sempre foi considerado o grande regente do tempo, da ordem e da disciplina. Mas por trás desse simbolismo esotérico, há uma realidade ainda mais inquietante: a influência de Saturno na forma como as elites ocultas governam o mundo em plena luz do dia. Sua energia rege o conceito de estrutura, hierarquia e controle, algo que a elite global compreende profundamente e utiliza em seus rituais, organizações e métodos de dominação. O mais intrigante é que essa influência está diante dos nossos olhos, inserida na arquitetura, nos rituais sociais, na simbologia das instituições e até mesmo na maneira como somos ensinados a viver nossas vidas.

A elite oculta, aqueles que entendem os mistérios de Saturno e o utilizam para consolidar seu poder, se apoia em sua simbologia para estabelecer suas regras. O uso do preto, a imposição de estruturas rígidas e o culto ao cubo de Saturno estão espalhados pelo mundo, mas poucos percebem essa realidade. O preto, a cor de Saturno, simboliza o poder, o mistério e o controle. Quando olhamos para as figuras de autoridade do mundo moderno, percebemos um padrão claro: juízes, acadêmicos, sacerdotes e líderes políticos vestem roupas negras. O próprio traje de magistrados e advogados, que formam a espinha dorsal do sistema legal, reflete a severidade de Saturno. No tribunal, o juiz é o agente da ordem, decidindo quem será punido e quem será absolvido, e tudo isso ocorre sob a energia desse planeta. As togas pretas, usadas em universidades, indicam que aqueles que se formam passaram por um processo rigoroso de aprendizado e foram moldados pela estrutura saturnina. Não é coincidência que a elite acadêmica, os mestres do conhecimento, se envolvam em rituais e cerimônias que remetem ao ocultismo e à submissão às regras saturninas.

As corporações e instituições financeiras, que governam a economia global, também seguem essa simbologia. O cubo de Saturno aparece frequentemente em sua arquitetura e logotipos. Grandes bancos, instituições governamentais e prédios do poder costumam ser adornados com formas geométricas que evocam a estabilidade e a rigidez do cubo, um símbolo de confinamento e limitação.

A conexão entre Saturno e o dinheiro não é acidental.

Exemplos do Cubo de Saturno usado na *arquitetura*.

No passado, o tesouro do Império Romano ficava guardado no Templo de Saturno, reforçando o vínculo entre esse deus e o controle financeiro. Até hoje, o mundo das finanças é dominado por uma elite que compreende e aplica esses princípios, criando um sistema onde poucos acumulam riquezas enquanto a maioria vive sob o peso das restrições impostas.

A elite oculta utiliza rituais saturninos em suas reuniões e eventos, muitas vezes a céu aberto e diante do público, mas disfarçados de cerimônias inofensivas. Os encontros do Fórum Econômico Mundial, por exemplo, reúnem os líderes mais influentes do planeta em um ambiente onde o simbolismo oculto é predominante. Palcos em formato de cubo, estruturas geométricas negras e até mesmo a escolha da vestimenta dos participantes reforçam essa conexão. Mas um dos exemplos mais visíveis da adoração a Saturno está nas cerimônias de premiação, como o Oscar e o Grammy. Nessas ocasiões, vemos a elite do entretenimento se envolvendo em rituais públicos, com símbolos de sacrifício, domínio e submissão. Os artistas que se submetem a esse sistema frequentemente vestem roupas pretas e fazem gestos ocultistas que remetem ao controle saturnino. Muitos deles, ao atingir o auge de sua carreira, passam por fases de "renascimento" onde sua imagem é completamente transformada, um processo que reflete os ciclos de morte e renascimento de Saturno.

A arquitetura das cidades mais poderosas do mundo também reflete essa influência. Estruturas como o cubo preto da Place de la Défense, em Paris, o monumento em forma de cubo na ONU e a Kaaba, em Meca, são evidências do culto à Saturno inserido na cultura global. Mas a conexão mais perturbadora está nos locais de poder: parlamentos, sedes de bancos centrais e edifícios governamentais que seguem padrões geométricos rígidos, evocando a energia saturnina. Os arranha-céus das metrópoles modernas são construídos de maneira a lembrar templos da antiguidade, com colunas e simetria imponentes, refletindo a ideia de permanência e dominação. Os obeliscos, frequentemente encontrados em praças e monumentos ao redor do mundo, também fazem parte desse simbolismo, servindo como marcadores energéticos que canalizam o poder da elite oculta.

Mas talvez o exemplo mais evidente da influência de Saturno na sociedade moderna esteja no próprio conceito de tempo e trabalho. O sistema de trabalho assalariado, onde o indivíduo vende seu tempo em troca de dinheiro, é uma manifestação direta da energia desse planeta. O calendário, os dias da semana e até os anos bissextos são organizados de maneira a reforçar a estrutura cíclica do tempo imposta por Saturno. O próprio sábado, que em várias culturas é considerado um dia de descanso e contemplação, é regido por esse planeta, reforçando seu domínio sobre nossas rotinas. O ciclo diário do trabalhador moderno reflete essa influência: ele acorda, trabalha por horas, retorna para casa exausto e repete o processo dia após dia, aprisionado dentro da estrutura saturnina. A mídia e o entretenimento também carregam essa energia oculta. O culto ao preto na moda, nos logotipos de marcas influentes e na estética das produções cinematográficas reflete a dominação dessa simbologia.

E para entender como os símbolos interagem com o subconsciente humano, recomendo meu outro livro: Arquétipos - A Chave Secreta da Carol Capel para Moldar a Realidade.

A figura do "vilão de preto", tão comum nos filmes, não é um mero clichê: ele representa o arquétipo do mestre do tempo, aquele que entende e manipula as regras do jogo. No entanto, enquanto nos ensinam a temer esse arquétipo nas histórias, a própria elite oculta o adota como modelo a ser seguido. Os líderes globais, os verdadeiros senhores da disciplina, aplicam esses conceitos na vida real, garantindo que a sociedade permaneça dentro dos limites estabelecidos.

A presença de Saturno no controle social vai além da simbologia visual e se infiltra nas doutrinas que moldam nosso pensamento. Religiões, sistemas educacionais e filosofias políticas são desenhados para reforçar a ideia de restrição, disciplina e ordem. A elite compreende que o conhecimento esotérico sobre Saturno pode ser usado para criar uma sociedade altamente organizada, onde a obediência é reforçada por meio da cultura e das instituições. O próprio conceito de culpa, presente em muitas religiões, é um reflexo da energia saturnina, que pune aqueles que não seguem as regras estabelecidas.

Esse controle invisível se manifesta até mesmo na forma como as cidades são planejadas. Algumas cidades são projetadas com base em princípios geométricos e ocultistas, garantindo que a energia saturnina seja mantida ativa. Washington, D.C., por exemplo, tem sua estrutura baseada em padrões maçônicos e simbolismos esotéricos, garantindo que o poder permaneça centralizado naqueles que compreendem esses mistérios. Da mesma forma, Londres e Roma possuem monumentos que refletem a adoração a Saturno, escondidos à vista de todos.

A elite oculta utiliza Saturno como ferramenta de controle porque compreende sua verdadeira natureza. Esse planeta representa a permanência e a estrutura, algo que os governantes desejam manter sobre a sociedade. O sistema educacional, a política, a justiça e a economia são cuidadosamente moldados para refletir esse arquétipo, garantindo que a ordem nunca seja desafiada. A punição para aqueles que tentam escapar desse sistema é severa, pois Saturno não tolera a desordem.

Esse domínio oculto acontece diante de nossos olhos, mas a maioria das pessoas não percebe. Quando vemos um juiz em sua toga preta, um estudante se formando com um manto negro, um artista fazendo gestos ocultos em uma premiação ou um grande banco adornado com cubos e colunas, estamos testemunhando a presença de Saturno no mundo moderno. Ele está em toda parte, e sua influência continua a moldar a civilização de maneiras que poucos conseguem compreender. Aqueles que compreendem esses mistérios podem utilizá-los para sua vantagem, enquanto os que permanecem ignorantes continuarão aprisionados dentro dessa estrutura invisível, sem jamais perceber o verdadeiro alcance de seu poder.

Saturno e a Igreja Católica: Controle e Medo

A relação entre a Igreja Católica e Saturno não é uma coincidência. Desde os primórdios, a religião cristã foi construída sobre a base de antigas tradições pagãs, muitas das quais estavam profundamente conectadas ao culto de Saturno. O próprio calendário cristão, os títulos dos papas, as vestimentas clericais e os dogmas da fé carregam marcas da influência desse arquétipo. Ao longo dos séculos, essa conexão se manteve oculta para a maioria, mas para aqueles que observam atentamente, os sinais estão por toda parte.

O Vaticano, como centro do poder da Igreja Católica, é uma fortaleza de Saturno. Sua arquitetura grandiosa, com colunas imponentes, praças geométricas e simbologia oculta, reflete os princípios da ordem e da disciplina. As próprias vestimentas dos clérigos carregam o peso da influência saturnina: o preto, cor tradicional dos sacerdotes, cardeais e do próprio papa em certas ocasiões, é um reflexo direto do simbolismo de Saturno, a cor do mistério, do silêncio e da autoridade. Os rituais católicos são cuidadosamente estruturados de forma a reforçar a hierarquia e o controle espiritual sobre os fiéis, algo que reflete o domínio do tempo e da tradição, conceitos fundamentais para a influência de Saturno.

Desde os primórdios do cristianismo, a Igreja Católica adotou elementos do paganismo para facilitar a conversão dos povos que antes adoravam divindades como Saturno. A própria celebração do Natal, marcada para 25 de dezembro, coincide com a antiga festa romana das Saturnálias, um festival em homenagem a Saturno, celebrado com festas e trocas de presentes. Essa "cristianização" de rituais pagãos não foi um mero acaso, mas sim uma estratégia deliberada para incorporar aspectos do culto saturnino dentro do cristianismo, garantindo que sua influência continuasse viva dentro da nova religião dominante.

A hierarquia católica também reflete a estrutura rígida e disciplinada de Saturno. O Papa, como líder supremo, ocupa um lugar de autoridade inquestionável, e abaixo dele há uma cadeia de comando que se estende através de cardeais, bispos e sacerdotes. Essa pirâmide de poder espelha a natureza saturnina de imposição de regras e controle, onde a tradição e a doutrina são mantidas por meio de uma estrutura inabalável. Assim como Saturno representa os limites e a necessidade de seguir normas para alcançar a iluminação, a Igreja estabelece dogmas rígidos e códigos morais estritos que devem ser seguidos pelos fiéis para alcançar a salvação.

Outro aspecto que demonstra a influência de Saturno no Vaticano é a simbologia presente em sua arquitetura e em seus rituais. A Praça de São Pedro, por exemplo, foi projetada de forma geométrica precisa, evocando os princípios da ordem cósmica, um conceito essencial no ocultismo e na astrologia. As colunas que cercam a praça lembram os antigos templos romanos dedicados a Saturno, sugerindo uma continuidade entre o culto pagão e a nova fé cristã.

Obelisco Egípcio - Londres, Reino Unido

O obelisco egípcio no centro da praça, um elemento que se repete em várias cidades do mundo, inclusive Washington D.C. e Londres, remete a antigos conhecimentos esotéricos sobre a captação de energia e simboliza a conexão entre o céu e a terra – um conceito fundamental dentro da filosofia saturnina.

Os rituais católicos também refletem a influência de Saturno em sua estrutura e propósito. A missa, com sua repetição meticulosa de palavras e gestos, é um exemplo claro do controle do tempo dentro da Igreja. O culto segue uma ordem fixa, onde cada movimento e cada frase dita pelo padre são rigidamente organizados. Isso reflete a essência saturnina de disciplina e tradição, pois nada pode ser alterado sem comprometer a integridade do ritual. O próprio conceito de confissão, onde o fiel deve admitir seus pecados e receber uma penitência, espelha a noção saturnina de karma, onde cada ação tem uma consequência e a redenção só pode ser alcançada através do sofrimento e do arrependimento.

A doutrina da Igreja Católica também carrega elementos saturninos em sua visão sobre a natureza humana. O pecado original, que condena toda a humanidade desde o nascimento e só pode ser redimido através do batismo, reforça a ideia de que a vida na terra é uma prova, um teste de disciplina e resistência. Isso se alinha com a visão astrológica de Saturno como o grande mestre que impõe desafios para o crescimento espiritual. A própria ideia de um Deus severo, que julga os homens e impõe castigos, reflete a energia de Saturno, o regente do karma e das restrições. O conceito de purgatório, onde as almas devem passar por um período de sofrimento antes de alcançar o paraíso, também se encaixa perfeitamente dentro do arquétipo saturnino de aprendizado através da dor e do tempo.

Outro ponto importante é a conexão entre Saturno e o simbolismo da morte, presente de maneira profunda na Igreja Católica. O uso frequente da cor preta em cerimônias fúnebres, a figura da caveira nos hábitos de algumas ordens monásticas e a própria ênfase na transitoriedade da vida são manifestações desse arquétipo.

Saturno ensina que tudo é passageiro, que a matéria é efêmera e que o verdadeiro conhecimento vem da aceitação dessa realidade. A Igreja reforça essa ideia através da liturgia, lembrando constantemente aos fiéis que a vida terrena é apenas uma preparação para a eternidade, um conceito que ecoa os ensinamentos saturninos de renúncia e introspecção.

A influência de Saturno também pode ser vista nos aspectos mais sombrios da Igreja Católica, como sua relação com o controle do conhecimento. Durante séculos, a Igreja monopolizou o saber, decidindo quais informações deveriam ser divulgadas e quais deveriam permanecer ocultas. A Inquisição, um dos capítulos mais sombrios da história da Igreja, foi uma manifestação extrema desse desejo de manter o domínio sobre a verdade. O conhecimento proibido, especialmente o conhecimento esotérico, foi sistematicamente reprimido, pois representava uma ameaça à estrutura de poder da Igreja. Esse desejo de controle absoluto sobre a informação é um traço característico da influência de Saturno, que impõe limites e estabelece barreiras para evitar o caos.

Mesmo nos dias atuais, a relação entre o Vaticano e Saturno continua a se manifestar. O telescópio LUCIFER, operado pelo Observatório do Vaticano, é um exemplo intrigante de como a Igreja continua a buscar conhecimento oculto sobre o cosmos. O nome do telescópio por si só levanta questionamentos sobre a verdadeira natureza das pesquisas realizadas pela Santa Sé. Além disso, a vasta coleção de documentos mantidos nos Arquivos Secretos do Vaticano sugere que há informações que não podem ser reveladas ao público, possivelmente incluindo segredos sobre a verdadeira natureza do universo e o papel de Saturno dentro da estrutura cósmica. A conexão entre a Igreja Católica e Saturno é profunda e multifacetada. Desde sua arquitetura e rituais até sua hierarquia e doutrina, todos os aspectos da instituição refletem os princípios desse arquétipo. A Igreja é, em essência, uma manifestação do controle saturnino sobre a espiritualidade humana, uma estrutura cuidadosamente construída para preservar a ordem, a tradição e o poder ao longo dos séculos. Para aqueles que olham além da superfície, os sinais estão por toda parte, revelando a presença oculta de Saturno na mais poderosa instituição religiosa do Ocidente.

Saturno e Hollywood: O Controle das Massas

Hollywood não é apenas um centro de produção cinematográfica; é um mecanismo sofisticado de programação mental, repleto de simbolismo oculto, arquétipos e narrativas que refletem os princípios saturninos. O planeta Saturno, associado à limitação, ao controle e ao destino, influencia a maneira como a indústria manipula a percepção da realidade, estabelece valores e direciona comportamentos. Este capítulo explora como essa energia opera nos filmes, nos rituais da indústria e no modo como Hollywood mantém sua influência sobre bilhões de pessoas ao redor do mundo.

Saturno é conhecido na astrologia e no ocultismo como o grande senhor da ordem e do confinamento. Seu papel é estabelecer fronteiras e restringir a liberdade individual dentro de um sistema bem definido. Esse conceito se encaixa perfeitamente no propósito de Hollywood, que é criar ilusões controladas, fornecendo narrativas que direcionam o pensamento do público sem que ele perceba.

A mídia visual é uma das formas mais poderosas de manipulação mental. O cérebro humano processa imagens muito mais rápido do que palavras e, quando associadas a sons e emoções, essas imagens se tornam programações subconscientes extremamente eficazes. Através dos filmes, séries e videoclipes, Hollywood impõe uma visão de mundo específica, um conjunto de valores e crenças que moldam a realidade coletiva.

O que torna Hollywood uma ferramenta tão poderosa de controle é o fato de que, diferentemente de leis e decretos que exigem força para serem aplicados, a indústria do entretenimento faz com que o público aceite voluntariamente sua programação. As ideias são transmitidas através de histórias envolventes, personagens carismáticos e efeitos visuais espetaculares, que disfarçam a agenda oculta sob a aparência de diversão e escapismo.

O próprio nome Hollywood tem conotações ocultas. "Holly" (Azevinho) era usado na magia druídica para criar varinhas e encantamentos, e "wood" (madeira) simboliza o material dessas varinhas. Isso sugere que Hollywood é a grande varinha mágica da elite, usada para enfeitiçar e controlar as massas. Essa conexão com a magia e o ocultismo não é acidental, pois a indústria cinematográfica sempre esteve impregnada de rituais e simbolismo esotérico.

Hollywood Sign - Los Angeles, California

A presença de Saturno em Hollywood se manifesta de várias formas sutis e simbólicas dentro dos filmes. Os elementos recorrentes incluem o uso da cor preta, o cubo de Saturno, a ideia de tempo e destino, além da glorificação do sacrifício e do sofrimento como meio de ascensão.

O Cubo de Saturno no Cinema
O cubo negro é um dos símbolos mais associados a Saturno. Ele representa aprisionamento dentro da matéria, restrição e limitação, além de ser um dos arquétipos geométricos fundamentais para as elites ocultas. No cinema, esse símbolo aparece repetidamente:

- "2001: Uma Odisseia no Espaço" (1968) → O monólito negro que surge em momentos de transição da humanidade é uma representação clara do cubo de Saturno. Ele é um objeto de mistério e domínio sobre a mente, refletindo o poder oculto da elite que controla o destino humano.
- "Transformers" (2007) → A trama gira em torno de um cubo negro chamado AllSpark, que contém o segredo da criação e do controle absoluto.
- "O Cubo" (1997) → Um filme inteiro dedicado ao conceito do aprisionamento dentro de uma estrutura cúbica, onde os personagens não compreendem por que estão confinados e são forçados a seguir regras estritas para sobreviver.
- "The Avengers" (2012) → O Tesseract, um cubo energético que contém um poder imenso e é desejado por diferentes forças, reflete o cubo de Saturno como um objeto de conhecimento e dominação.

Essa repetição não é acidental. O cubo de Saturno representa o aprisionamento da consciência dentro de um sistema hierárquico, o que reflete a própria essência de Hollywood como um instrumento de controle mental.

A Cor Preta e o Simbolismo Saturnino

A cor preta é um dos principais atributos de Saturno. No cinema, o preto frequentemente simboliza autoridade, mistério, ocultismo e poder. Vemos esse simbolismo repetidamente em personagens que representam o controle e o domínio sobre a realidade:

- Darth Vader (Star Wars) → O maior vilão da saga Star Wars veste um traje preto imponente e governa com mão de ferro.
- Morpheus (Matrix) → O mentor de Neo veste preto, pois ele possui o conhecimento e a disciplina necessários para transcender o sistema.

- Trinity (Matrix) → Também vestida de preto, ela representa a limitação e o poder oculto que precisa ser superado.
- Batman → Sempre vestido de preto, é o símbolo da justiça rígida, operando dentro de um código de conduta inquebrável.

O preto no cinema quase sempre está associado a figuras que representam poder e ordem, o que reflete diretamente a influência de Saturno no controle narrativo de Hollywood.

O Tempo, o Destino e o Sacrifício: Saturno Como Narrador Invisível

Saturno é o senhor do tempo e do destino. Muitos filmes reforçam a ideia de que os personagens estão aprisionados dentro de ciclos inevitáveis, nos quais devem sofrer e sacrificar algo para alcançar uma forma de transcendência.
- "Interestelar" (2014) → O filme gira em torno da relatividade do tempo e da jornada de um homem que precisa abandonar sua família para salvar a humanidade.
- "Donnie Darko" (2001) → A narrativa do filme envolve loops temporais e a ideia de destino imutável.
- "Matrix" (1999) → Neo precisa morrer simbolicamente para se tornar o Escolhido e transcender o sistema.
- "O Exterminador do Futuro" (1984) → Uma guerra através do tempo na qual o futuro já está predestinado, refletindo o papel de Saturno como o guardião do destino.

Essa temática reforça a programação mental de que o sacrifício é necessário para alcançar qualquer tipo de libertação, uma mensagem que mantém as massas em um estado constante de resignação e aceitação do sofrimento.

Hollywood Como Um Ritual Saturnino a Céu Aberto

Os eventos da indústria do entretenimento, como o Oscar, o Grammy e até mesmo festivais de música, muitas vezes seguem uma estrutura ritualística que reflete a influência de Saturno.

Os artistas frequentemente vestem roupas pretas, são submetidos a narrativas de "queda e ascensão" e passam por humilhações públicas antes de serem aceitos de volta pela indústria – um ciclo de destruição e reconstrução típico de Saturno.

A elite oculta de Hollywood compreende esse simbolismo e o utiliza de maneira explícita, repetindo padrões narrativos que reforçam o arquétipo de Saturno sobre o destino da humanidade.

A Conexão Entre o Oscar e Saturno: O Ritual de Poder da Elite de Hollywood

O Oscar é, sem dúvida, a premiação mais prestigiada do cinema mundial. Apresentado anualmente pela Academia de Artes e Ciências Cinematográficas, ele representa a consagração máxima dentro da indústria cinematográfica. No entanto, por trás do brilho dourado da estatueta e das celebrações luxuosas, há um simbolismo oculto que conecta o Oscar diretamente a Saturno.

A premiação não é apenas um evento de reconhecimento artístico; ela funciona como um ritual saturnino que reforça temas de poder, controle, sacrifício e estrutura hierárquica dentro da indústria do entretenimento. Desde o próprio formato da estatueta até os códigos de vestimenta e os ciclos de ascensão e queda de seus vencedores, o Oscar carrega elementos profundos de uma tradição oculta que remete a antigos rituais de Saturno.

Ao longo deste estudo, analisaremos como o Oscar opera como um ritual de iniciação, sacrifício e reafirmação do domínio da elite, explorando seus símbolos ocultos, a relação com o tempo e o papel de Saturno como regente desse sistema.

A Estatueta do Oscar e o Simbolismo de Saturno

A peça central da premiação é a famosa estatueta do Oscar, que carrega um simbolismo poderoso. Com 34 cm de altura e banhada a ouro, a estatueta representa um cavaleiro segurando uma espada, de pé sobre um rolo de filme.

A primeira conexão direta com Saturno está no dourado da estatueta. O ouro, no esoterismo, representa o tempo e a iluminação alcançada pelo sofrimento, ambos atributos do arquétipo saturnino. Saturno rege o tempo e o destino, e a estatueta dourada pode ser vista como um símbolo da imortalidade concedida através do sacrifício.

Outra característica simbólica está no formato rígido e austero da figura. O cavaleiro esculpido é representado de maneira formal, séria e imóvel, refletindo os princípios da disciplina e do controle absoluto de Saturno. Enquanto outras premiações apresentam troféus mais dinâmicos e expressivos, o Oscar assume uma postura estática, remetendo à natureza fixa e inflexível do tempo, um dos domínios principais de Saturno.

O fato de a estatueta estar sobre um rolo de filme com cinco raios também possui um significado oculto. Os cinco raios representam as cinco categorias originais do Oscar: atores, diretores, produtores, roteiristas e técnicos, formando uma estrutura hierárquica dentro da indústria do cinema. Essa hierarquia lembra a ideia saturnina de ordem e divisão de funções dentro de um sistema rígido e disciplinado.

Estatueta do Oscar em Close Up

Por fim, o próprio nome Oscar tem uma origem obscura e debatida. Algumas teorias sugerem que ele foi escolhido de maneira aleatória, mas se analisarmos do ponto de vista esotérico, ele remete ao conceito de divindades masculinas antigas associadas ao tempo e à disciplina. O nome Oscar pode estar relacionado foneticamente a Oannes, uma entidade mitológica babilônica que traz conhecimento e estabelece a ordem – um conceito muito próximo da energia saturnina.

Um dos aspectos mais intrigantes da relação entre o Oscar e Saturno é a forma como a premiação segue um padrão ritualístico que lembra antigos cultos de sacrifício.

Saturno sempre foi associado a sacrifícios rituais, tanto no mundo antigo quanto na estrutura oculta das elites modernas. Os romanos realizavam a Saturnália, um festival de inversão de papéis, onde servos se tornavam mestres temporários, mas ao final, a ordem era restaurada e sacrifícios eram feitos em homenagem a Saturno.

No Oscar, vemos um padrão similar:
1. Ascensão – Um ator ou cineasta promissor é indicado ao prêmio, alcançando grande notoriedade.
2. Glória e imortalidade – Caso vença, ele se torna parte de um grupo seleto, imortalizado na história do cinema.
3. Queda e sacrifício – Muitos vencedores do Oscar enfrentam períodos de decadência, polêmicas ou tragédias pessoais logo após sua consagração, um padrão semelhante ao sacrifício exigido por Saturno.

Essa conexão pode ser vista em inúmeros exemplos ao longo da história do Oscar. Atores que atingiram o ápice da carreira logo sofreram grandes perdas ou enfrentaram problemas graves, como se tivessem pagado um preço pelo sucesso. Heath Ledger, que ganhou o Oscar postumamente por interpretar o Coringa em O Cavaleiro das Trevas, morreu de maneira misteriosa pouco antes de receber o reconhecimento. Outros vencedores do Oscar, como Philip Seymour Hoffman e Robin Williams, também tiveram destinos trágicos pouco tempo depois de suas vitórias.

Além disso, há um ciclo de humilhação pública e redenção que ocorre com muitos ganhadores do prêmio. Celebridades passam por fases de exílio da indústria, seguidas por um retorno triunfal, um processo semelhante aos rituais de iniciação onde o indivíduo precisa ser destruído e reconstruído. Isso reflete a dualidade de Saturno como senhor da morte e do renascimento.

A Cerimônia do Oscar Como um Ritual de Saturno

Os elementos do Oscar seguem uma estrutura ritualística que reforça sua conexão com Saturno.

O Tapete Vermelho e a Entrada Triunfal
O tapete vermelho, tradicional no Oscar, tem raízes em rituais da antiguidade. Na Grécia Antiga, o vermelho simbolizava o caminho dos deuses e era usado para cerimônias sagradas. No contexto saturnino, representa o sangue do sacrifício, o preço a ser pago pelo reconhecimento e ascensão.
Ao desfilar no tapete vermelho, os indicados passam por um corredor simbólico, onde são observados e julgados pela elite e pelo público, reforçando o conceito de teste e provação típico de Saturno.

A Vestimenta Preta e o Código de Cores
No Oscar, o preto domina as vestimentas masculinas e é amplamente utilizado pelas mulheres em certos momentos específicos. O preto representa Saturno, a disciplina e a submissão à ordem estabelecida.
Em alguns anos, vemos tendências de cores específicas usadas por várias celebridades, indicando um padrão ritualístico sendo seguido. Em eventos passados, houve um número incomum de artistas vestindo vermelho e dourado – cores associadas a rituais de poder e domínio do tempo.

Entrega da Estatueta Como um Momento de Consagração
Quando um vencedor recebe o Oscar, ele passa por um momento de iniciação e aceitação da ordem. O discurso de agradecimento muitas vezes reflete um tom reverencial, onde o premiado reconhece a estrutura que o permitiu chegar até ali.
A frase "Gostaria de agradecer à Academia" tornou-se icônica, simbolizando a submissão ao sistema que governa Hollywood. Essa aceitação pública do prêmio pode ser vista como um juramento,

nde o vencedor reconhece seu papel dentro da estrutura saturnina do entretenimento.

O Pós-Oscar e o Destino dos Premiados
Após a premiação, os vencedores muitas vezes passam por uma fase de mudanças radicais. Alguns desaparecem do estrelato, outros enfrentam escândalos ou dificuldades, enquanto outros conseguem manter o sucesso, mas sob forte vigilância e controle.
Isso reflete a energia de Saturno, que dá e tira conforme seu próprio julgamento.

O Oscar não é apenas uma premiação, mas um ritual cuidadosamente elaborado, onde a elite de Hollywood reafirma seu domínio sobre o cinema e seus astros. A influência de Saturno pode ser vista na simbologia da estatueta, no formato da cerimônia, nos ciclos de ascensão e queda dos premiados e na própria estrutura hierárquica da indústria.
Para aqueles que observam com olhos atentos, o Oscar é uma celebração do controle saturnino, onde a disciplina, o tempo e o sacrifício são elementos essenciais para alcançar a glória dentro da ordem oculta do entretenimento.

Saturno e Sua Relação com o Budismo

Saturno, o grande regente do tempo, do karma e da disciplina, tem uma relação profunda e pouco explorada com o Budismo. Embora, à primeira vista, possa parecer que o Budismo não compartilha dos mesmos símbolos e arquétipos do ocultismo ocidental, uma análise mais profunda revela que a influência de Saturno está presente de forma marcante nos ensinamentos budistas sobre sofrimento, restrição, disciplina e libertação. Saturno sempre foi associado à noção de limitação e responsabilidade, e esses conceitos são fundamentais para o caminho budista, que enfatiza a autodisciplina, o desapego e a aceitação das leis cósmicas do karma. De fato, o próprio conceito de karma – a consequência inevitável das ações, acumuladas através das vidas passadas e futuras – é um reflexo direto do papel de Saturno como o senhor do tempo e do destino.

A jornada de Siddhartha Gautama, o Buda, pode ser vista como um exemplo clássico de uma experiência profundamente saturnina. Nascido em uma vida de luxo, ele tinha todas as facilidades materiais à sua disposição, mas uma sensação de insatisfação e inquietação o levou a questionar a natureza da existência. Esse desejo de ir além do conforto e buscar a verdade essencial da realidade reflete a influência de Saturno, que frequentemente traz desafios e restrições para que o indivíduo possa transcender suas limitações. Siddhartha deixou para trás seu palácio, sua família e todas as seguranças mundanas para iniciar uma jornada de autodisciplina e renúncia, características centrais da energia saturnina. Ele passou anos em práticas austeras, meditando e experimentando privações extremas antes de alcançar a iluminação sob a Árvore Bodhi. Esse caminho de esforço contínuo, paciência e aceitação do sofrimento como parte inerente da existência reflete a influência de Saturno sobre a espiritualidade.

No Budismo, a ideia central de que o sofrimento é inevitável e que somente através da autodisciplina, do esforço e do desapego se pode alcançar a libertação ressoa diretamente com os princípios de Saturno. O Buda ensinou que o desejo e o apego são as causas fundamentais do sofrimento humano, e que somente ao aceitar as limitações e aprender a viver com simplicidade e responsabilidade podemos encontrar a paz. Saturno, em sua essência, ensina lições similares: ele impõe limites para que possamos aprender a viver dentro das regras cósmicas e, ao aceitar essas restrições, encontramos um caminho para a verdadeira liberdade.

Os ensinamentos sobre o karma no Budismo também refletem essa conexão com Saturno. O karma, sendo uma lei de causa e efeito que transcende vidas, é a própria manifestação da regência de Saturno sobre o tempo e a consequência das ações. No Budismo, acredita-se que todas as ações deixam uma marca no fluxo do tempo e que essas marcas determinam as circunstâncias futuras de um indivíduo. Essa noção é extremamente saturnina, pois Saturno rege a responsabilidade e a colheita das ações passadas. Ele não perdoa nem pune de forma arbitrária, apenas assegura que cada indivíduo experimente o que plantou, promovendo o aprendizado através da experiência.

O conceito de samsara, o ciclo contínuo de nascimento, morte e renascimento, é mais uma forma de representação da energia de Saturno dentro do Budismo. Saturno é o grande regente dos ciclos, aquele que estabelece padrões repetitivos e nos mantém presos a estruturas rígidas até que aprendamos a lição necessária para a libertação. Da mesma forma, o Budismo ensina que os seres continuam reencarnando dentro do samsara até que consigam se libertar da roda da existência. Apenas aqueles que transcendem as ilusões da matéria e alcançam a iluminação conseguem escapar dessa repetição, rompendo o ciclo kármico e atingindo o Nirvana. Esse conceito é semelhante à ideia de que Saturno, quando superado, deixa de ser um fardo e se transforma em um mestre que concede sabedoria e libertação.

A austeridade praticada pelos monges budistas também reflete a energia de Saturno. O caminho monástico exige disciplina, renúncia aos prazeres materiais, estudo rigoroso e a aceitação das dificuldades como parte da prática espiritual. Monges budistas vivem com poucas posses, praticam meditação incessante e seguem códigos de conduta estritos, exatamente como Saturno exige daqueles que buscam o verdadeiro conhecimento. Eles vestem mantos simples, frequentemente em tons escuros ou ocres, o que também ressoa com a cor negra associada a Saturno, que simboliza tanto a humildade quanto a profundidade do conhecimento interior.

A prática da meditação budista, especialmente nas tradições Theravada e Zen, está profundamente ligada à energia saturnina. A meditação exige paciência, esforço contínuo e uma grande capacidade de autodisciplina, qualidades que Saturno rege com severidade. Enquanto outros caminhos espirituais enfatizam experiências místicas e êxtase, o Budismo coloca a atenção plena e a observação da realidade tal como ela é no centro de sua prática. Isso se alinha com o papel de Saturno como mestre da realidade concreta, aquele que nos obriga a olhar para o que realmente está diante de nós, sem ilusões ou fantasias. O praticante budista que senta em meditação e observa sua respiração, seus pensamentos e suas emoções sem julgamento está, essencialmente, submetendo-se ao ensinamento de Saturno de que a verdade só pode ser encontrada através da paciência e da aceitação da realidade.

Outro aspecto saturnino no Budismo é a ênfase na impermanência. O Buda ensinou que tudo é transitório e que apegar-se a qualquer coisa – seja um objeto, uma emoção ou até mesmo uma identidade – é uma ilusão que leva ao sofrimento. Saturno rege o tempo e nos ensina que nada dura para sempre, que tudo eventualmente se dissolve ou se transforma. Esse ensinamento central do Budismo ressoa profundamente com a essência de Saturno, pois ambos nos lembram que devemos aceitar a realidade da mudança e aprender a viver de acordo com essa verdade inevitável.

Mesmo a figura do Buda, após sua iluminação, pode ser vista como um exemplo da superação das limitações de Saturno. Ele experimentou a dor da existência, as dificuldades do desapego e as provações da mente até que finalmente transcendesse todas essas barreiras. No momento de sua iluminação, ele superou Saturno e se tornou um mestre do tempo e da causalidade, aquele que compreende completamente a mecânica do karma e, portanto, está livre de seus grilhões. No entanto, ele não rejeitou Saturno completamente, pois continuou a ensinar disciplina, renúncia e a importância de seguir um caminho estruturado para a libertação.

O Budismo Mahayana, especialmente nas suas tradições tibetana e japonesa, também reflete essa relação com Saturno através da veneração de figuras como Manjushri, o Bodhisattva da Sabedoria, e Ksitigarbha, o Bodhisattva que desce ao submundo para ajudar as almas perdidas. Manjushri carrega uma espada, que simboliza a clareza da mente cortando a ignorância, um tema profundamente relacionado à necessidade de disciplina mental e restrição que Saturno impõe. Já Ksitigarbha representa a paciência e a determinação inabalável de Saturno, pois ele faz o voto de não alcançar o Nirvana até que todas as almas tenham sido libertadas do sofrimento. Ele desce repetidamente ao reino dos mortos, simbolizando a energia de Saturno como senhor das profundezas e do tempo cíclico.

Mesmo os rituais budistas carregam elementos de Saturno. Os monges entoam mantras de forma repetitiva, seguem horários estritos para suas atividades e realizam cerimônias que exigem grande concentração e disciplina. Os templos budistas são projetados com uma arquitetura simétrica, estável e muitas vezes contendo elementos cúbicos ou geométricos que refletem a rigidez e a permanência de Saturno. Essas práticas e estruturas reforçam a conexão entre o Budismo e os ensinamentos saturninos, demonstrando que, apesar das diferenças culturais e históricas, os princípios desse planeta sempre influenciaram a espiritualidade humana.

Dessa forma, Saturno não está ausente do Budismo; pelo contrário, ele está presente em cada ensinamento sobre karma, disciplina, tempo, sofrimento e libertação. O caminho budista exige que o praticante compreenda e aceite as regras cósmicas antes de transcendê-las, exatamente como Saturno ensina a seus discípulos mais dedicados. O Budismo, portanto, pode ser visto como um dos caminhos mais profundamente saturninos da espiritualidade, pois exige paciência, esforço e uma aceitação plena da realidade como ela é, antes de permitir que o indivíduo alcance sua verdadeira liberdade.

Saturno e o Controle da Humanidade

Saturno sempre foi o arquétipo do controle, do tempo e da limitação. Desde tempos imemoriais, este planeta tem sido associado ao destino inexorável da humanidade, às estruturas rígidas que nos cercam e às forças invisíveis que moldam nosso comportamento, nossas instituições e nossas vidas sem que possamos perceber. O controle de Saturno sobre a Terra não é apenas uma questão astrológica ou simbólica; ele se manifesta em cada aspecto da realidade, desde os ciclos da natureza até a forma como as sociedades são organizadas, como as leis são criadas e como as mentes são condicionadas para aceitar uma existência dentro de limites impostos. Saturno rege a ideia de que tudo no mundo tem um preço, que nada é concedido sem esforço, que cada ato gera uma consequência, e que o tempo é o juiz final de todas as ações.

Na astrologia, Saturno é conhecido como o grande disciplinador, aquele que impõe restrições para ensinar, que traz dificuldades para gerar aprendizado, que exige paciência e resistência para recompensar aqueles que conseguem suportar seus desafios. No entanto, essa influência vai muito além da astrologia esotérica; ela se infiltra nas estruturas mais profundas da sociedade. O sistema econômico, por exemplo, reflete diretamente a energia de Saturno. O trabalho árduo, a limitação de recursos, a necessidade de planejamento e sacrifício para alcançar estabilidade são todas manifestações dessa força. O capitalismo, como sistema predominante no mundo moderno, opera sob a lógica saturnina: somente aqueles que seguem suas regras rigidamente, que aprendem a se submeter às suas restrições e que compreendem as leis implacáveis do esforço e da disciplina conseguem se erguer dentro dele. O dinheiro, em si, é uma forma de energia de Saturno, pois representa valor acumulado, restrição e estrutura – sua própria existência depende da imposição de limites e da escassez controlada. A noção de tempo, tão central para a vida humana, também é governada por Saturno. O calendário, a divisão dos dias e anos, a maneira como o tempo é medido e utilizado em cada cultura refletem a influência desse planeta.

A própria sociedade moderna é construída em torno de uma obsessão pelo tempo: os relógios determinam quando devemos acordar, trabalhar, comer, descansar e dormir, e aqueles que não se submetem a essa estrutura enfrentam penalidades. A pontualidade e a produtividade são altamente valorizadas, pois fazem parte do sistema de controle que Saturno exerce sobre a humanidade. Cada pessoa é condicionada desde cedo a compreender que o tempo é um recurso precioso e limitado, algo que deve ser administrado com cautela e nunca desperdiçado. Essa mentalidade reforça a ideia de que a vida é uma jornada de deveres e obrigações, onde a liberdade só pode ser alcançada através da submissão às regras e ao esforço contínuo.

As instituições que governam o mundo, como governos, religiões, tribunais e sistemas de educação, também são manifestações do controle saturnino. Saturno rege as estruturas e hierarquias, estabelecendo limites rígidos sobre quem pode governar e quem deve obedecer. Os governos operam sob essa lógica, impondo leis e regulamentos que mantêm as sociedades dentro de uma ordem predefinida. Qualquer forma de resistência à autoridade geralmente é vista como uma ameaça ao equilíbrio estabelecido, e as punições são aplicadas com rigor, garantindo que o sistema permaneça intacto. Nos tribunais, juízes vestem togas pretas, símbolo clássico de Saturno, e atuam como representantes desse princípio cósmico, aplicando sentenças que determinam o destino dos indivíduos. A própria ideia de justiça está profundamente enraizada nos ensinamentos de Saturno, pois trata da noção de que cada ação tem uma consequência e que ninguém pode escapar das regras da realidade.

A religião também reflete esse arquétipo de controle e estrutura. Muitas tradições espirituais ensinam que a vida é uma prova, um ciclo de sofrimento e aprendizado onde as almas devem purificar-se através da disciplina e da obediência para alcançar um estado superior de existência. O conceito de pecado, culpa e redenção é essencialmente saturnino, pois implica que todos devem pagar por suas transgressões e aprender com seus erros. O medo do julgamento divino e a promessa de recompensas futuras para aqueles que seguem as doutrinas religiosas reforçam o controle de Saturno sobre a psique humana. Além disso, muitas religiões possuem rituais e hierarquias rígidas, onde o acesso ao conhecimento e ao poder é restrito a poucos escolhidos, outra característica clássica da influência desse planeta.

No nível psicológico, Saturno opera como uma força interna que mantém a mente dentro de limites estabelecidos. A autocensura, o medo do fracasso, a sensação de inadequação e o constante julgamento interno são manifestações desse controle. Muitas pessoas passam a vida inteira lutando contra sentimentos de limitação, acreditando que não são boas o suficiente ou que nunca conseguirão superar suas dificuldades. Essa mentalidade restritiva impede o crescimento e a expansão, mantendo os indivíduos presos a padrões de comportamento que reforçam o sistema maior. A sociedade, por sua vez, reforça essas limitações ao criar expectativas rígidas sobre como uma pessoa deve se comportar, quais caminhos ela deve seguir e quais ambições são aceitáveis. Aqueles que tentam escapar dessas regras enfrentam resistência, pois Saturno não permite mudanças bruscas sem que haja um custo alto a ser pago.

A mídia e o entretenimento também desempenham um papel crucial na manutenção do controle saturnino sobre a Terra. Filmes, séries, músicas e notícias são cuidadosamente estruturados para reforçar a sensação de limitação e obediência às regras sociais. Hollywood, em particular, utiliza arquétipos saturninos de maneira subliminar, promovendo narrativas de esforço, sacrifício e controle do destino. Histórias onde personagens enfrentam grandes dificuldades para alcançar seus objetivos, onde há uma clara distinção entre certo e errado e onde a ordem sempre deve ser restaurada no final são expressões da influência de Saturno. Além disso, a própria estrutura da indústria do entretenimento reflete a rigidez desse arquétipo: artistas devem passar por provações, seguir normas e muitas vezes sacrificar partes de suas vidas para alcançar sucesso e reconhecimento.

A arquitetura das cidades também revela o domínio de Saturno sobre o mundo. Grandes instituições financeiras e governamentais são construídas com estruturas imponentes, muitas vezes adornadas com colunas e símbolos geométricos rígidos que evocam a estabilidade e a permanência. O uso do cubo negro, uma representação clássica de Saturno, pode ser visto em vários monumentos e edifícios ao redor do mundo, desde a Kaaba em Meca até praças públicas e memoriais. Esses elementos arquitetônicos funcionam como âncoras energéticas que reforçam a vibração de Saturno na Terra, mantendo a estrutura do sistema em funcionamento e impedindo que forças caóticas desestabilizem a ordem vigente.

Outro aspecto fundamental do controle de Saturno sobre a Terra é a forma como ele influencia os ciclos naturais. O tempo rege todas as coisas vivas, desde o nascimento até a morte, e Saturno é o grande guardião desses ciclos. As estações do ano, os ritmos biológicos e os períodos de transformação pessoal seguem padrões saturninos, onde há momentos de crescimento e expansão, seguidos por períodos de restrição e introspecção. O envelhecimento, por exemplo, é uma manifestação direta da influência de Saturno, que lentamente impõe suas limitações sobre o corpo físico, lembrando a todos que nada escapa à passagem do tempo. Essa realidade reforça a necessidade de estrutura e planejamento, pois aqueles que não se preparam para o futuro inevitavelmente enfrentarão dificuldades quando as restrições de Saturno se tornarem mais severas.

O mais intrigante sobre o controle de Saturno na Terra é que ele é, ao mesmo tempo, uma prisão e uma oportunidade de crescimento. Para aqueles que não compreendem sua influência, Saturno se manifesta como um carcereiro implacável, restringindo seus movimentos e impedindo que alcancem liberdade. No entanto, para aqueles que aprendem a trabalhar com sua energia, ele se torna um mestre, ensinando a importância da paciência, da autodisciplina e da resiliência. Em última instância, Saturno não existe para punir, mas para ensinar. Ele impõe desafios para que possamos transcendê-los, ele cria barreiras para que possamos encontrar maneiras de superá-las, ele nos força a encarar nossas limitações para que possamos descobrir nossa verdadeira força interior.

Saturno controla a Terra não apenas através de suas estruturas visíveis, mas também através das leis invisíveis que governam a existência. Ele é o arquiteto do destino, o mestre do tempo, o guardião dos ciclos e o senhor da realidade concreta. Aqueles que compreendem seu poder podem aprender a navegar pelo sistema sem serem esmagados por suas regras. Mas aqueles que ignoram sua presença estão condenados a viver dentro das restrições que ele impõe, repetindo os mesmos padrões sem jamais compreender a verdadeira natureza da existência.

Como símbolos se comunicam com o cérebro humano

Os símbolos têm um impacto profundo no cérebro humano. Eles carregam significados que vão além da linguagem falada, comunicando-se diretamente com o inconsciente, despertando memórias ancestrais e moldando nossa percepção da realidade. Em diversas culturas e tradições espirituais, certos símbolos foram associados a arquétipos poderosos que governam aspectos fundamentais da existência humana. Entre esses arquétipos, Saturno se destaca como um dos mais enigmáticos e influentes, representando tempo, disciplina, karma e a estrutura oculta do universo.

Na psicologia profunda, Carl Jung identificou os símbolos como manifestações do inconsciente coletivo, um repositório de experiências compartilhadas pela humanidade ao longo dos séculos. Saturno, como arquétipo, ativa padrões de pensamento e comportamento ligados à ordem, restrição e responsabilidade, evocando tanto medo quanto respeito. Seu símbolo, representado por um anel cósmico, um cubo negro ou até mesmo uma ampulheta, fala diretamente ao cérebro humano, ativando respostas emocionais e cognitivas que influenciam nossas decisões e percepções da vida.

Este estudo explorará como os símbolos saturninos impactam o cérebro humano, analisando-os sob a luz da psicologia profunda, da neurociência e do esoterismo. Veremos como esses símbolos se manifestam em nossa cultura, como moldam a psique humana e como podem ser utilizados para fortalecer a mente e alinhar-se com as forças ocultas do universo.

O cérebro humano não apenas interpreta símbolos, mas também responde a eles de forma emocional e inconsciente. Diferente das palavras, que são processadas pelo córtex pré-frontal, os símbolos ativam regiões mais profundas do cérebro, como o sistema límbico, responsável pelas emoções, e o córtex visual, que identifica padrões e formas.

Na psicologia profunda de Jung, os símbolos são ferramentas essenciais para compreender o inconsciente. Eles emergem através dos sonhos, da arte, da religião e da cultura, representando conceitos abstratos que não podem ser facilmente explicados por palavras. O símbolo de Saturno, por exemplo, não é apenas um planeta no céu ou uma divindade mitológica, mas sim um arquétipo que desperta em nós a sensação de limitação, destino, responsabilidade e sabedoria ancestral.

Quando um símbolo saturnino é observado, o cérebro humano automaticamente associa-o a conceitos de tempo, restrição e estrutura, ativando áreas relacionadas ao planejamento, à perseverança e à paciência. Essa reação pode ser observada tanto no nível individual quanto no coletivo, influenciando a maneira como as sociedades organizam suas leis, calendários, hierarquias e rituais.

Saturno, na tradição esotérica e na psicologia simbólica, é frequentemente associado ao arquétipo do Velho Sábio, um mestre severo que impõe desafios para forçar o crescimento. Ele representa o tempo implacável, a morte inevitável e as leis do universo que não podem ser quebradas sem consequências.

Carl Jung identificou esse arquétipo como uma manifestação do Senex, a figura do ancião que detém o conhecimento das eras e impõe restrições como forma de aprendizado. Diferente do arquétipo do Herói, que busca aventura e expansão, o Senex ensina a importância dos limites, da paciência e da disciplina.

O cérebro humano responde a esse arquétipo ativando o córtex pré-frontal, a região responsável pelo controle de impulsos, planejamento e julgamento moral. Esse processo pode ser observado em situações que exigem resiliência, como períodos de dificuldade financeira, estudo intensivo ou treinamento físico rigoroso. Quando alguém internaliza o arquétipo saturnino, seu comportamento se torna mais estruturado, focado e disciplinado, características essenciais para o sucesso a longo prazo.

O símbolo astrológico de Saturno (♄) carrega significados profundos. Ele é composto por uma cruz acima de um semicírculo, representando a matéria dominando o espírito, um lembrete da limitação imposta pela realidade física. Esse símbolo, quando visualizado repetidamente, reforça padrões mentais de realismo, prudência e responsabilidade.

Estudos da neurociência sugerem que a exposição constante a determinados símbolos pode reprogramar padrões neurais, fortalecendo conexões relacionadas a comportamentos específicos. Isso significa que indivíduos que mantêm o símbolo de Saturno próximo a si (em objetos, tatuagens, joias ou em seu ambiente) podem, inconscientemente, fortalecer sua disciplina e resistência mental.

O Cubo Negro: A Estrutura da Realidade

O Cubo Negro é um dos símbolos mais potentes de Saturno. Ele representa a prisão da matéria, as leis imutáveis do tempo e a necessidade de trabalhar dentro das restrições da realidade para encontrar a verdadeira liberdade.

No cérebro humano, figuras geométricas simples, como o cubo, ativam áreas responsáveis pelo reconhecimento de padrões e estabilidade. A repetição da forma do cubo, como visto em templos religiosos e na arquitetura de estruturas governamentais, reforça a ideia de ordem, autoridade e imutabilidade.

Psicologicamente, pessoas que se identificam com o simbolismo do Cubo Negro tendem a ser estruturadas, realistas e disciplinadas, mas também podem lutar contra sentimentos de aprisionamento ou conformidade excessiva.

A Ampulheta: A Consciência do Tempo

A Ampulheta é um dos símbolos mais antigos de Saturno, representando a passagem inevitável do tempo. Quando visualizamos uma ampulheta, nosso cérebro entra em um estado de contemplação sobre finitude, urgência e planejamento.

Estudos indicam que a percepção do tempo afeta diretamente nosso nível de motivação e produtividade. Quando somos confrontados com a imagem de uma ampulheta, nossa mente reconhece a limitação do tempo e aumenta a atividade no córtex pré-frontal, estimulando a tomada de decisões e o foco nas prioridades.

Pessoas que trabalham com esse símbolo no cotidiano tendem a ser mais conscientes de seus prazos, mais estratégicas e menos propensas a procrastinar.

Os Anéis de Saturno: O Círculo da Limitação

Os Anéis de Saturno representam as fronteiras que definem nosso mundo. Em um nível psicológico, eles simbolizam limites pessoais, regras e disciplina.

Cientificamente, estudos mostram que a exposição a padrões circulares e concêntricos ativa áreas do cérebro relacionadas à ordem e estrutura mental. Isso explica por que muitas tradições espirituais utilizam mandalas e símbolos circulares para induzir estados meditativos e de concentração.

Indivíduos que utilizam a simbologia dos anéis de Saturno podem fortalecer sua capacidade de manter limites emocionais e disciplina pessoal.

Saturno e o Grimório Proibido

O Grimório do Culto de Saturno é uma das obras mais enigmáticas e obscuras do ocultismo, um livro cuja existência sempre esteve envolta em mistério e teorias conspiratórias. Diferente dos grimórios tradicionais, que servem como manuais de magia prática, o Grimório de Saturno não é apenas um livro de feitiços, mas um código de conhecimento esotérico profundo sobre as forças que regem o tempo, a disciplina, a morte e o destino da humanidade. Dentro do ocultismo, ele se tornou uma referência essencial para os praticantes dessa vertente, pois descreve rituais, símbolos e princípios fundamentais para aqueles que desejam compreender e manipular as energias saturninas.

A origem do Grimório do Culto de Saturno é incerta. Alguns estudiosos do ocultismo acreditam que sua primeira versão foi escrita durante a Idade Média, enquanto outros afirmam que ele tem raízes ainda mais antigas, possivelmente ligadas às sociedades místicas da Babilônia e da Suméria. Há teorias que o conectam aos ensinamentos dos sacerdotes egípcios que cultuavam Sobek, um dos aspectos de Saturno, e ao conhecimento secreto dos pitagóricos, que compreendiam a geometria oculta do tempo e da estrutura do universo. No entanto, a versão mais conhecida do grimório teria surgido entre os séculos XVIII e XIX, em círculos ocultistas europeus que estudavam a relação entre o tempo e o destino humano.

Saturno sempre foi considerado um dos planetas mais temidos e respeitados dentro do esoterismo. Ele é o senhor do tempo, do karma, da morte e da retribuição. Em muitas tradições, é visto como uma força severa, mas justa, que impõe restrições para ensinar lições fundamentais. O grimório, portanto, não é um livro para iniciantes ou para aqueles que buscam gratificações imediatas.

Ele é um guia para aqueles que desejam trilhar um caminho de rigor, disciplina e compreensão das leis cósmicas.

O praticante que se aprofunda no estudo desse livro não apenas adquire conhecimento sobre Saturno, mas se compromete a seguir suas regras e aceitar os desafios impostos por sua influência.

O culto a Saturno nunca foi abertamente popular como outros sistemas de crença, pois exige um nível de dedicação e resistência que poucos estão dispostos a encarar. Diferente de religiões que prometem recompensas imediatas ou que baseiam sua filosofia no amor e na benevolência, o culto de Saturno ensina que o sofrimento, a limitação e a disciplina são as únicas ferramentas que levam à verdadeira evolução espiritual. No Grimório do Culto de Saturno, essa filosofia é explorada em detalhes, com rituais e práticas projetadas para fortalecer a mente e o espírito, submetendo o praticante a provações que testam sua determinação.

Entre os elementos mais conhecidos do grimório está a prática da meditação saturnina, um processo que envolve contemplação da morte, restrição de prazeres mundanos e exercícios de concentração para fortalecer a resistência mental. Os textos indicam que Saturno é o guardião do portal entre os mundos, e aqueles que desejam atravessar esse limiar devem primeiro provar seu valor enfrentando os desafios do tempo. Isso significa aprender a lidar com a solidão, aceitar a impermanência da vida e compreender que toda ação gera uma consequência inevitável. O grimório ensina que apenas aqueles que dominam esses princípios podem aspirar à verdadeira liberdade.

Outro aspecto fundamental do grimório são os rituais de conexão com a energia saturnina. Diferente de rituais de invocação comuns no ocultismo, onde o praticante tenta entrar em contato com entidades ou forças espirituais para obter favores, os rituais do Culto de Saturno envolvem um processo de submissão à vontade cósmica. O adepto aprende a aceitar sua insignificância diante do universo e, ao fazer isso, começa a compreender as engrenagens ocultas que regem a realidade. O grimório descreve que esse processo pode ser doloroso, pois exige o abandono de ilusões e o confronto direto com as verdades mais duras da existência.

Dentro do grimório, há seções dedicadas à geometria oculta de Saturno, revelando como símbolos como o cubo negro e a estrela de seis pontas estão ligados às forças de estruturação do universo. Esses símbolos são utilizados em rituais específicos, onde o praticante aprende a alinhar sua mente com os padrões cósmicos para fortalecer sua conexão com a energia saturnina. O cubo negro, em particular, representa o confinamento da matéria e a necessidade de superação da forma física para alcançar o entendimento superior. Em algumas práticas, os adeptos se colocam dentro de um cubo construído ritualmente para simular o confinamento saturnino e testar sua resistência mental.

Um dos capítulos mais temidos do grimório trata da sombra de Saturno, um conceito que descreve como aqueles que se recusam a aceitar suas lições são eventualmente consumidos por sua influência. O texto alerta que resistir às regras de Saturno pode resultar em uma espiral de sofrimento e caos, onde o indivíduo se torna prisioneiro do próprio destino. Esse conceito é semelhante ao da roda do samsara no Budismo, onde aqueles que não transcendem seus apegos e desejos são forçados a reencarnar indefinidamente até aprenderem suas lições. No entanto, no contexto saturnino, a punição é mais severa, pois não há misericórdia nem atenuantes para aqueles que desafiam a ordem cósmica.

O grimório também menciona a conexão de Saturno com as sociedades secretas que governam o mundo. Segundo o texto, aqueles que compreendem verdadeiramente os segredos de Saturno sabem que a estrutura da sociedade humana foi moldada por seus princípios. Governos, bancos, instituições religiosas e sistemas de leis operam sob a lógica de Saturno, criando uma rede de restrições e obrigações que mantêm a ordem estabelecida. Isso não significa necessariamente que todas essas instituições sigam o culto de Saturno conscientemente, mas sim que as forças que regem a humanidade foram projetadas para refletir sua influência.

O uso do preto nas vestimentas de autoridades e sacerdotes é um reflexo direto desse princípio. O grimório explica que o preto simboliza a ausência de luz, o mistério e a seriedade da existência. Quando um juiz veste uma toga preta ou um sacerdote usa vestimentas escuras, eles estão simbolicamente assumindo o papel de representantes das leis de Saturno no mundo físico. Isso também se aplica à forma como o poder é estruturado: aqueles que compreendem as leis saturninas governam, enquanto aqueles que ignoram essas leis são governados. O grimório ensina que a verdadeira liberdade só pode ser alcançada por aqueles que dominam as regras do jogo e aprendem a operar dentro dos limites impostos.

Outro aspecto fascinante do grimório são os rituais de manipulação do tempo, que envolvem práticas de observação do ciclo saturnino para prever eventos e alinhar ações com os períodos mais propícios. Os praticantes aprendem a utilizar ciclos astrológicos e padrões numéricos para determinar quando tomar decisões importantes e como sincronizar suas vidas com o fluxo do tempo. Essa prática não envolve alterar o tempo de maneira mágica, mas sim compreendê-lo profundamente para agir em harmonia com ele. O grimório enfatiza que aqueles que tentam desafiar o tempo ou ignorar sua influência acabam sendo consumidos por ele.

O Grimório do Culto de Saturno continua a ser uma referência porque ele não apenas oferece conhecimento esotérico, mas exige comprometimento absoluto de seus seguidores. Ele não é um livro que pode ser lido e entendido superficialmente; cada lição deve ser vivida, cada princípio deve ser absorvido até que o praticante se torne um reflexo da energia de Saturno. Esse compromisso faz com que aqueles que seguem esse caminho adquiram uma resistência inabalável, pois aprendem a aceitar a realidade tal como ela é, sem ilusões nem falsas esperanças.

A sombra de Saturno

A Sombra de Saturno é um dos conceitos mais enigmáticos e temidos dentro do ocultismo. Para muitos, Saturno já representa a restrição, o karma, a disciplina rígida e a inevitabilidade do tempo. Mas o que significa sua sombra? O que ocorre quando sua influência se manifesta de forma extrema, implacável e avassaladora? A Sombra de Saturno é um aspecto oculto e aterrador, pois trata não apenas das limitações e testes impostos por esse planeta, mas da verdadeira prisão existencial na qual muitos caem sem perceber. É o peso esmagador do tempo sobre os ombros, o confinamento da mente e da alma em estruturas de controle que impedem o crescimento e a transcendência. Para aqueles que ignoram os sinais ou tentam desafiar as forças de Saturno sem compreensão, sua sombra pode se tornar um labirinto sem saída, um ciclo interminável de punição e frustração. A Sombra de Saturno se manifesta de diversas formas. No plano individual, ela surge como uma vida governada por medos, inseguranças e autocensura. São as vozes internas que dizem que nada será possível, que o fracasso é inevitável e que não há razão para tentar. Saturno, em sua forma equilibrada, ensina a importância da paciência e do esforço gradual, mas sua sombra distorce esses ensinamentos, transformando-os em barreiras intransponíveis. Aqueles que caem sob essa influência tornam-se prisioneiros de suas próprias mentes, temendo a mudança, presos em ciclos de autossabotagem e conformismo. São indivíduos que vivem no arrependimento do passado ou no medo do futuro, mas nunca no presente. Saturno rege o tempo, e sua sombra escraviza aqueles que não compreendem sua lição, forçando-os a reviver continuamente as mesmas dores e fracassos.

No nível social e coletivo, a Sombra de Saturno se manifesta na forma de sistemas de controle totalitário, onde regras rígidas e estruturas inflexíveis mantêm as massas sob constante vigilância e repressão. Governos opressores, religiões autoritárias e economias baseadas na exploração são expressões dessa sombra. Esses sistemas não surgem por acaso; eles são arquitetados e sustentados por aqueles que compreenderam a energia de Saturno, mas a utilizam de maneira desequilibrada para perpetuar o controle. A história está repleta de impérios e regimes que operavam sob a energia saturnina distorcida, onde o dever e a ordem eram levados ao extremo, sufocando qualquer forma de liberdade ou criatividade. A burocracia excessiva, as leis inquebráveis, as tradições que oprimem ao invés de guiar – tudo isso são expressões da Sombra de Saturno.

Dentro do ocultismo, existe um princípio conhecido como a servidão ao tempo. Isso ocorre quando um indivíduo ou uma sociedade se torna completamente subordinado ao fluxo do tempo, incapaz de transcender sua influência. O tempo, ao invés de ser um mestre sábio, torna-se um carcereiro. A Sombra de Saturno é esse aprisionamento temporal, onde tudo se torna repetitivo, onde os erros do passado se tornam padrões impossíveis de quebrar e onde cada ação parece levar a um destino já predeterminado. Esse conceito aparece em diversas tradições espirituais sob diferentes nomes. No hinduísmo, é representado pelo samsara, o ciclo interminável de nascimento e renascimento, onde as almas continuam presas sem nunca alcançar a libertação. No cristianismo, pode ser visto na ideia de condenação eterna, onde aqueles que não seguem as regras da fé são relegados a um estado perpétuo de sofrimento e punição. No ocultismo mais profundo, essa ideia se manifesta na crença de que certas almas jamais escapam da prisão da matéria, permanecendo eternamente sob a influência de Saturno. A arquitetura e a simbologia ocultista frequentemente representam a Sombra de Saturno através de estruturas cúbicas, grades e prisões geométricas. O cubo negro, um dos símbolos mais poderosos de Saturno, é frequentemente utilizado para representar essa limitação extrema. No entanto, quando a energia saturnina é equilibrada, o cubo também representa estabilidade, conhecimento e domínio sobre a matéria. A diferença entre Saturno como mestre e Saturno como carcereiro reside no entendimento e na aceitação de suas leis. Aqueles que compreendem sua lição encontram um caminho para a libertação, mas aqueles que resistem ou tentam enganar essas forças acabam se tornando prisioneiros dela.

Outro aspecto essencial da Sombra de Saturno é a ideia de karma implacável. Todos os sistemas espirituais falam sobre karma, mas sob a influência da sombra saturnina, o karma assume um aspecto cruel e inflexível. Aqueles que estão presos nesse ciclo acreditam que jamais conseguirão escapar das consequências de suas ações passadas, que estão destinados a sofrer eternamente por erros antigos. Isso pode se manifestar em padrões de relacionamento destrutivos, dificuldades financeiras recorrentes ou mesmo em doenças e aflições físicas que parecem não ter origem clara. O sofrimento contínuo sem aprendizado ou crescimento é uma manifestação clássica da Sombra de Saturno. Quando o indivíduo não compreende a lição por trás de suas dificuldades, ele as revive repetidamente, como se estivesse em uma prisão espiritual.

A relação entre Saturno e o medo também é uma das formas mais diretas pelas quais sua sombra se manifesta. O medo é uma ferramenta poderosa de controle e limitação. Governos, religiões e sistemas sociais utilizam o medo para manter o domínio sobre a população, criando um ambiente onde as pessoas não ousam desafiar as estruturas impostas. Medo da pobreza, medo da punição, medo da rejeição – essas são as correntes invisíveis que prendem os indivíduos à roda de Saturno. A sombra desse planeta é tão poderosa que muitas vezes as pessoas sequer percebem que estão sendo controladas por ele. Elas vivem vidas inteiras dentro de trilhos preestabelecidos, acreditando que suas escolhas são livres, quando na verdade estão apenas seguindo um roteiro escrito por forças que elas não compreendem.

A influência da Sombra de Saturno também pode ser observada na maneira como a sociedade enxerga a velhice e a morte. Saturno é o senhor do tempo e, portanto, governa o envelhecimento. Em culturas onde a sombra de Saturno é dominante, a velhice é vista como um fardo, um período de declínio e inutilidade. A obsessão moderna com a juventude, a tentativa de negar os efeitos do tempo e a rejeição da sabedoria dos mais velhos são expressões dessa distorção. Em sociedades mais equilibradas, a velhice é respeitada como uma fase de sabedoria e contemplação, mas sob a sombra de Saturno, ela se torna um período de solidão, desespero e medo da morte. O medo da finitude é uma das ferramentas mais poderosas que a sombra de Saturno usa para manter o controle, pois faz com que os indivíduos se agarrem desesperadamente às ilusões do mundo material.

Aqueles que trabalham conscientemente com a energia de Saturno sabem que ele pode ser um mestre severo, mas justo. No entanto, aqueles que caem sob sua sombra muitas vezes não conseguem enxergar além do sofrimento e da limitação. Eles se tornam escravos do sistema, obedecendo cegamente às regras e aceitando a dor como algo inevitável, sem nunca buscar uma saída. A única forma de escapar da sombra saturnina é através do conhecimento e da aceitação. Não se trata de rejeitar as lições de Saturno, mas sim de compreendê-las e transcendê-las. Quando um indivíduo entende que o tempo não é um inimigo, mas um aliado, e que as restrições impostas por Saturno existem para ensiná-lo, ele começa a encontrar caminhos para libertar-se do ciclo repetitivo da dor e da limitação.

Em última instância, a Sombra de Saturno representa a luta entre a aceitação e a resistência. Aqueles que resistem às lições de Saturno se tornam prisioneiros de sua sombra, vivendo em medo, frustração e limitação. Mas aqueles que aprendem a trabalhar com essa energia descobrem que dentro da restrição existe liberdade, dentro do tempo existe transcendência, e dentro da morte existe renovação. A Sombra de Saturno não é um destino inevitável – ela é apenas um estado de ser que pode ser superado através do entendimento profundo das leis cósmicas e da coragem para enfrentá-las de frente.

Rituais de Controle do Tempo

O tempo é um dos conceitos mais misteriosos e implacáveis da existência humana. Desde os primórdios da civilização, os seres humanos tentaram compreendê-lo, medi-lo e, se possível, manipulá-lo. No ocultismo, Saturno sempre foi considerado o regente do tempo, o grande mestre da limitação, da disciplina e da ordem cósmica. Entre todos os planetas conhecidos pela astrologia e pelo esoterismo, Saturno é aquele que mais se relaciona com a noção do tempo cíclico e linear, governando o destino e as consequências das ações humanas. Dessa forma, desde tempos antigos, ocultistas, magos e sociedades secretas desenvolveram rituais de controle do tempo baseados na energia saturnina, buscando estender a longevidade, acelerar ou retardar eventos e sincronizar suas vidas com a ordem cósmica.

Os rituais de Saturno destinados ao controle do tempo são práticas ancestrais, que evoluíram ao longo dos séculos e foram adaptadas para diferentes tradições. Em sua essência, esses rituais funcionam como chaves que permitem ao praticante alinhar-se com os ritmos do universo, ajustando sua percepção da realidade e sua interação com o fluxo temporal. Mas, diferentemente de outras práticas ocultistas que buscam manipulação imediata e resultados instantâneos, os rituais saturninos exigem paciência, dedicação e um entendimento profundo das leis naturais. Saturno não concede favores sem esforço, e qualquer tentativa de manipular sua energia sem o devido respeito pode resultar no efeito oposto: aprisionamento dentro do próprio tempo. O primeiro e mais fundamental princípio dos rituais de Saturno para controle do tempo é a sincronia com os ciclos cósmicos. Saturno tem um dos ciclos mais lentos entre os planetas visíveis a olho nu, completando sua órbita ao redor do Sol a cada 29,5 anos.

Esse ciclo astrológico é considerado fundamental para a compreensão da evolução pessoal e do aprendizado kármico. Ocultistas acreditam que, ao alinhar suas práticas com as fases saturninas, podem influenciar o curso do tempo em suas vidas. Isso inclui escolher os momentos adequados para iniciar projetos, tomar decisões importantes ou mesmo realizar rituais que acelerem ou desacelerem processos naturais.

Um dos rituais mais conhecidos dentro do ocultismo saturnino é o Ritual do Cubo Negro, que simboliza a materialização do tempo e a sua influência sobre a consciência humana. O cubo é um símbolo sagrado de Saturno, representando o confinamento da matéria e o controle da energia dentro de uma estrutura rígida. No ritual, o praticante se coloca dentro de um espaço fechado e geométrico, onde deve realizar meditações e invocações específicas, buscando entrar em um estado de alinhamento absoluto com a energia do tempo. Esse processo permite que a mente transcenda a percepção linear da realidade, acessando estados superiores de consciência onde o tempo pode ser percebido de maneira fluida e flexível.

Outro ritual poderoso utilizado para controle do tempo é a Meditação dos Sete Selos de Saturno. Essa prática envolve a contemplação das sete camadas do tempo, representadas pelos sete dias da semana, as sete esferas planetárias e os sete portais do tempo descritos em tradições místicas. O praticante inicia esse ritual escolhendo um sábado, dia regido por Saturno, e isolando-se do mundo exterior para entrar em um estado de profunda introspecção. Durante esse processo, ele visualiza cada camada do tempo como um portal, permitindo que sua consciência se mova através delas. Esse ritual tem o poder de estender a longevidade ao realinhar a energia vital com o fluxo do tempo cósmico, além de permitir que certos eventos ocorram em momentos mais propícios.

Dentro das sociedades ocultistas mais avançadas, existem rituais saturninos que buscam influenciar não apenas a percepção individual do tempo, mas também eventos históricos e estruturas coletivas. Um desses rituais, conhecido como A Ancoragem do Tempo, é utilizado por grupos iniciáticos para estabelecer marcos temporais que influenciam o destino de uma civilização ou organização. Esse ritual envolve a criação de um objeto físico – geralmente um relógio, um monumento ou um artefato simbólico – que serve como um "âncora" energética, garantindo que determinado evento ocorra em um momento exato e que sua influência perdure ao longo do tempo. Acredita-se que grandes monumentos e estruturas históricas tenham sido construídas seguindo esse princípio, alinhando-se com ciclos cósmicos específicos para garantir seu impacto duradouro na história humana.

O controle do envelhecimento e da longevidade também é uma das buscas centrais dentro dos rituais de Saturno. Segundo as tradições esotéricas, o tempo não é apenas um fluxo inexorável que leva tudo ao declínio, mas uma energia que pode ser manipulada se compreendida corretamente. Ocultistas acreditam que o envelhecimento ocorre porque a mente e o corpo estão sintonizados com o tempo linear, aceitando passivamente sua influência. Rituais saturninos destinados à longevidade buscam romper essa programação, permitindo que o indivíduo se alinhe com o tempo cíclico e regenerativo. Entre essas práticas, destacam-se os mantras de Saturno, que são entoados regularmente para desacelerar o envelhecimento celular, e os rituais de imersão em escuridão, que isolam o praticante da luz e do fluxo normal do tempo, permitindo que sua mente acesse estados de consciência onde o tempo opera de maneira diferente.

O conceito de reversão temporal também é explorado dentro dos rituais saturninos. Essa prática envolve alterar a percepção subjetiva do tempo para corrigir erros do passado ou antecipar eventos futuros. Em algumas tradições ocultistas, existem relatos de magos e iniciados que conseguiram reviver momentos passados através de rituais extremamente avançados de projeção temporal. Esses rituais geralmente envolvem a criação de círculos de tempo, onde o praticante desenha símbolos específicos no chão e se posiciona no centro, realizando uma série de invocações e meditações profundas. A ideia é que, ao acessar a consciência atemporal, seja possível influenciar o fluxo dos eventos e até mesmo modificar pequenas frações da realidade.

Muitos rituais de Saturno também estão conectados ao conceito de destino inevitável, pois esse planeta rege o karma e a justiça cósmica. Aqueles que tentam manipular o tempo sem compreender suas leis inevitavelmente caem nas armadilhas de Saturno, ficando presos em ciclos de repetição e sofrimento. O tempo, sob a regência de Saturno, não pode ser ludibriado; qualquer tentativa de acelerar ou retardar eventos sem a devida compreensão resulta em desequilíbrios que cobram um preço severo. Por isso, os praticantes mais experientes desses rituais enfatizam que o verdadeiro objetivo do controle do tempo não é alterá-lo arbitrariamente, mas sim harmonizar-se com seus ritmos, permitindo que a vida flua da maneira mais eficiente e equilibrada possível.

Outro elemento fascinante dos rituais de controle do tempo de Saturno é a noção de pontos de interseção temporal, que são momentos onde o fluxo do tempo se torna mais maleável. Esses pontos ocorrem em datas e configurações astrológicas específicas, onde o alinhamento planetário cria condições propícias para manipulação temporal. Os praticantes utilizam esses momentos para realizar rituais que podem influenciar eventos futuros, prever acontecimentos e até mesmo alterar sua relação com o tempo. Essas interseções são vistas como portais temporais naturais, onde a energia de Saturno se manifesta de maneira mais intensa e pode ser canalizada para propósitos específicos.

O estudo dos arquétipos temporais também é uma parte fundamental dos rituais saturninos. Saturno rege a repetição e a estrutura cíclica da realidade, e os ocultistas utilizam esse conhecimento para identificar padrões recorrentes no tempo. Isso inclui ciclos históricos, repetições de eventos e tendências que se manifestam de maneira previsível ao longo dos anos. Ao compreender esses padrões, é possível antecipar mudanças globais e individuais, permitindo que certas ações sejam tomadas com antecedência para evitar catástrofes ou maximizar oportunidades.

Esses são apenas alguns dos aspectos mais profundos dos rituais de controle do tempo de Saturno. Ao longo da história, essas práticas foram transmitidas em círculos fechados, protegidas por aqueles que compreendem o poder e o perigo que reside no domínio do tempo. Para os poucos que se aventuram nesse caminho, Saturno oferece não apenas desafios, mas também a chave para transcender os limites da existência material e acessar os mistérios ocultos do cosmos.

O Conceito de Karma Implacável

O conceito de Karma Implacável é um dos mais enigmáticos e temidos dentro do ocultismo, da filosofia espiritual e das leis cósmicas que regem a existência humana. Diferente da visão romantizada do karma, que sugere um equilíbrio harmonioso entre ações e consequências, o Karma Implacável é uma força intransigente e inevitável, que opera sem piedade ou favoritismo. Ele não pode ser subornado, enganado ou adiado; uma vez acionado, ele segue seu curso até que sua energia seja completamente dissipada. Essa noção está profundamente ligada à influência de Saturno, o grande mestre do tempo, da disciplina e da justiça cósmica. Saturno não apenas rege o tempo, mas também o karma, garantindo que todas as ações tenham suas reações proporcionais e que ninguém escape das consequências de seus próprios feitos.

O Karma Implacável é aquele que governa os ciclos de dor e aprendizado, garantindo que toda energia emitida retorne de forma precisa, sem a interferência de julgamentos morais ou subjetivos. Ele não distingue bondade ou maldade, apenas opera segundo as leis universais da causa e efeito. Muitas vezes, as pessoas tentam justificar suas ações baseando-se em intenções ou circunstâncias externas, mas o karma saturnino não se importa com desculpas; ele age com a exatidão de um relógio cósmico, movendo-se lentamente, mas com precisão absoluta. Essa força pode levar anos, décadas ou até vidas inteiras para se manifestar plenamente, mas quando chega, é inevitável. Ao longo da história, diversas tradições espirituais descreveram o Karma Implacável como uma força que transcende a compreensão humana. No hinduísmo e no budismo, o karma é visto como uma corrente contínua de ações e reações que determinam as condições da existência futura.

No entanto, dentro das escolas mais profundas do esoterismo, há um entendimento de que o karma pode ser adormecido, acelerado ou concentrado, dependendo do nível de consciência do indivíduo e de sua interação com as forças do universo. Saturno, sendo o regente do tempo e da estrutura, opera como o grande cobrador dessas dívidas kármicas, garantindo que nenhuma ação fique sem resposta.

Para aqueles que compreendem a natureza do Karma Implacável, há um respeito profundo por suas leis. Muitos ocultistas e místicos passam suas vidas tentando equilibrar seu karma, pois sabem que uma única ação errada pode criar um efeito dominó que se desenrolará ao longo de várias encarnações. O problema é que a maioria das pessoas não tem essa percepção; elas vivem inconscientes da força implacável que guia seus destinos, acreditando que podem escapar das consequências de suas ações simplesmente ignorando-as. Mas o karma não esquece, não perdoa e não ignora. Ele pode parecer silencioso, mas está sempre registrando cada pensamento, intenção e ação, aguardando o momento certo para manifestar sua retribuição.

A manifestação do Karma Implacável pode ocorrer de diversas formas. Em alguns casos, ele se apresenta como dificuldades persistentes em certas áreas da vida: problemas financeiros que nunca se resolvem, relacionamentos que seguem os mesmos padrões destrutivos, doenças inexplicáveis ou eventos que parecem repetir-se indefinidamente. Esses padrões não são coincidências; eles são ecos de ações passadas que ainda não foram resolvidas. No ocultismo, acredita-se que, enquanto um karma não for completamente equilibrado, ele continuará retornando em diferentes formas, criando um ciclo de repetição que pode durar inúmeras vidas. É por isso que algumas pessoas sentem que suas vidas parecem presas a um destino inevitável, como se estivessem condenadas a reviver as mesmas dores repetidamente. O Karma Implacável também pode se manifestar como uma correção cósmica repentina. Há casos em que indivíduos que viveram por anos desafiando as leis naturais, explorando os outros ou acumulando energia negativa encontram um destino abrupto e severo.

sso não significa punição no sentido humano da palavra, mas sim um ajuste necessário para restaurar o equilíbrio do universo. Assim como um pêndulo inevitavelmente retorna ao ponto de origem, o karma age garantindo que tudo volte ao seu devido lugar. Muitas vezes, essa manifestação ocorre de forma súbita e inesperada, pegando o indivíduo de surpresa. O que parecia ser uma vida confortável e sem desafios pode desmoronar em questão de instantes quando a conta kármica finalmente chega para ser paga.

O conceito de Karma Implacável também está presente em diversas mitologias e tradições religiosas. Na tradição grega, vemos isso na história de Nêmesis, a deusa da vingança e da retribuição divina. Nêmesis não perdoava aqueles que se comportavam de maneira arrogante ou injusta; ela garantia que cada ação fosse retribuída com precisão matemática. Esse princípio está presente no próprio funcionamento do universo: tudo tende ao equilíbrio, e qualquer desequilíbrio precisa ser corrigido, independentemente das intenções envolvidas. É por isso que muitas vezes aqueles que acumulam riqueza, poder ou fama sem consideração pelas consequências acabam enfrentando colapsos dramáticos, pois estavam acumulando uma dívida kármica que, em algum momento, precisaria ser paga.

A noção do Karma Implacável também está conectada ao conceito de herança kármica, onde indivíduos carregam consigo dívidas ou méritos de vidas passadas. Isso explica por que algumas pessoas parecem nascer sob circunstâncias extremamente desafiadoras, enquanto outras parecem ser favorecidas desde o início. Nada disso é aleatório; tudo é consequência de ciclos anteriores de ações. O problema é que, ao longo da história, muitos sistemas de crença distorceram essa verdade, utilizando-a para justificar injustiças e desigualdades sociais. No entanto, o karma não se preocupa com sistemas humanos de justiça ou com a moralidade imposta pela sociedade; ele apenas responde às energias que foram emanadas e retribui na mesma intensidade. Aqueles que estudam profundamente o Karma Implacável entendem que não há como escapar dele, mas há maneiras de transmutá-lo. O trabalho espiritual, o autoconhecimento e a ação consciente podem ajudar a lidar com karmas passados de maneira mais equilibrada, evitando que sua manifestação ocorra de forma destrutiva.

No entanto, esse processo exige um nível elevado de consciência e comprometimento, pois Saturno não concede atalhos fáceis. A única maneira de realmente dissolver um karma negativo é enfrentá-lo de frente, compreender suas causas e mudar os padrões de comportamento que o criaram.

O maior perigo do Karma Implacável é que ele pode se tornar um ciclo inquebrável quando não é compreendido. Muitas pessoas vivem em padrões repetitivos sem perceber que estão recriando o mesmo karma repetidamente. Elas atraem os mesmos tipos de relacionamentos, enfrentam os mesmos desafios e cometem os mesmos erros porque não conseguem enxergar além da ilusão do tempo linear. O karma não é apenas uma força de punição; ele também é um professor, e aqueles que aprendem suas lições podem utilizar essa energia a seu favor. Quando um indivíduo compreende o motivo pelo qual certas situações estão ocorrendo em sua vida e toma medidas para transformar sua vibração, ele pode modificar a forma como o karma se manifesta, reduzindo seu impacto e transformando-o em crescimento.

A relação entre o Karma Implacável e Saturno é profunda, pois Saturno é o grande arquiteto do tempo e das estruturas. Ele não apenas garante que o karma seja cumprido, mas também ensina a importância da paciência, da responsabilidade e da aceitação. Muitos ocultistas acreditam que Saturno é o planeta que governa os ciclos de aprendizado, e que aqueles que conseguem alinhar-se com suas energias têm mais facilidade para compreender e trabalhar com as leis do karma. Isso não significa que possam escapar do karma, mas sim que aprendem a lidar com ele de maneira mais sábia, evitando criar novos ciclos de sofrimento desnecessário.

O Karma Implacável é uma força universal, presente em todos os aspectos da vida. Ele governa desde as pequenas escolhas diárias até os grandes eventos que moldam a história da humanidade. Ele não pode ser evitado, mas pode ser compreendido e trabalhado.

Uma Breve Perspectiva Astrológica Sobre Saturno

Embora Astrologia não seja de profundo conhecimento da pessoa que escreve essas palavras, eu preciso colocar a perspectiva de Saturno segundo a astrologia aqui, para que alguns conceitos sejam entendidos.

A astrologia sempre considerou Saturno como um dos planetas mais influentes e significativos no mapa astral de uma pessoa. Seu impacto não é imediato ou impulsivo como Marte, nem expansivo e benevolente como Júpiter. Saturno opera no tempo, ensinando por meio da experiência, dos desafios e das restrições. Ele é o grande mestre do zodíaco, aquele que impõe lições duras, mas necessárias, garantindo que o indivíduo amadureça e compreenda as leis da realidade. Sua influência é marcada por ciclos precisos, que ocorrem em momentos específicos da vida, trazendo testes de responsabilidade, crescimento e estruturação.

Saturno leva aproximadamente 29,5 anos para completar uma órbita ao redor do Sol. Esse período define os principais ciclos de Saturno, que marcam transições importantes na vida de uma pessoa. O primeiro retorno de Saturno ocorre por volta dos 28 a 30 anos, o segundo entre 57 e 60 anos, e o terceiro, se a pessoa atingir essa idade, por volta dos 86 a 90 anos. Esses ciclos são momentos cruciais, pois indicam encerramentos e novos começos, mudanças profundas na percepção da vida e desafios que exigem maturidade e responsabilidade.

Para compreender o impacto de Saturno, é fundamental analisar onde ele se encontra no mapa astral de uma pessoa. O signo e a casa astrológica onde Saturno está posicionado revelam quais áreas da vida serão mais desafiadas e estruturadas ao longo do tempo. Se Saturno está na Casa 7, por exemplo, a pessoa pode enfrentar testes nos relacionamentos. Se está na Casa 10, os desafios podem surgir na carreira e na reputação pública. Mas independentemente de sua posição, a influência de Saturno sempre se manifesta através de desafios que forçam o indivíduo a crescer e a assumir responsabilidade por sua própria vida.

O primeiro retorno de Saturno, que ocorre entre os 28 e 30 anos, é o momento em que a pessoa precisa enfrentar a realidade e assumir as consequências de suas escolhas. Até essa fase, a juventude permite uma certa leveza e experimentação, mas quando Saturno retorna à posição onde estava no nascimento, ele cobra estrutura, comprometimento e responsabilidade. Essa é uma fase de amadurecimento onde muitas pessoas enfrentam crises existenciais, mudanças de carreira, rompimentos de relacionamentos ou até mesmo desafios financeiros e emocionais. O objetivo dessa fase é testar se o indivíduo aprendeu as lições fundamentais da vida e se está pronto para assumir um papel mais maduro na sociedade.

O primeiro retorno de Saturno também separa aqueles que estavam vivendo de ilusões daqueles que estavam construindo algo sólido. Muitas pessoas percebem que estavam seguindo um caminho errado e sentem a necessidade de reavaliar sua trajetória. Pode ser um período difícil, mas aqueles que aceitam as lições de Saturno saem dessa fase muito mais fortes e preparados para encarar a vida com maior seriedade. A resistência às mudanças impostas por Saturno pode resultar em crises prolongadas, enquanto a aceitação e o aprendizado aceleram a evolução pessoal.

Já o segundo retorno de Saturno, que ocorre por volta dos 57 a 60 anos, marca o início da fase de consolidação. Nesta etapa, a pessoa já viveu a maior parte da sua vida adulta, construiu sua carreira, estabeleceu sua família e experimentou altos e baixos. Saturno retorna para avaliar como essa jornada foi conduzida. Para aqueles que souberam estruturar suas vidas com sabedoria, esse período pode trazer estabilidade e um senso de realização. No entanto, para aqueles que não resolveram suas pendências e evitaram responsabilidades, esse retorno pode ser marcado por arrependimentos e dificuldades.

Esse segundo retorno é frequentemente associado à aposentadoria, à transição para uma vida mais introspectiva e à necessidade de deixar um legado. Muitas pessoas começam a refletir sobre o que construíram e como querem ser lembradas. Saturno pode trazer questões sobre a saúde, sobre a passagem do tempo e sobre a necessidade de encontrar um propósito mais profundo além das conquistas materiais. Aqueles que enfrentaram seus desafios de maneira responsável tendem a sentir um senso de completude, enquanto aqueles que negligenciaram seus compromissos podem enfrentar dificuldades significativas, tanto emocionais quanto físicas.

Se uma pessoa vive o suficiente para experimentar o terceiro retorno de Saturno, por volta dos 86 a 90 anos, ela entra em um período de profunda sabedoria e contemplação. Nesta fase, todas as lições de Saturno já foram aprendidas e seu impacto se torna menos severo. O indivíduo já não precisa mais provar nada a ninguém e, muitas vezes, sente uma conexão mais profunda com o espiritual e com o significado da vida. Para alguns, essa fase pode representar uma preparação para a morte, enquanto para outros, pode ser um período de intensa criatividade e transmissão de conhecimento. Aqueles que aceitaram Saturno como um mestre ao longo da vida frequentemente experimentam essa fase com paz e sabedoria, enquanto aqueles que resistiram a suas lições podem sentir um profundo senso de frustração e falta de tempo para realizar o que gostariam.

Além dos grandes retornos de Saturno, há momentos dentro de sua órbita onde ele forma aspectos importantes com a posição natal no mapa astral, trazendo desafios e momentos de reestruturação. Por exemplo, a quadratura de Saturno aos 14-15 anos marca o fim da infância e o início da adolescência, trazendo os primeiros testes de responsabilidade. Já a oposição de Saturno aos 44-45 anos pode trazer a famosa crise da meia-idade, um momento em que muitas pessoas reavaliam suas vidas e sentem a necessidade de mudanças radicais. O impacto de Saturno varia conforme o signo em que ele se encontra. Quando Saturno está em signos como Capricórnio ou Aquário, onde ele tem mais força, sua energia tende a ser mais estruturada e

No entanto, em signos como Áries ou Câncer, onde sua energia é menos confortável, sua influência pode ser sentida como restrição e dificuldade em lidar com regras e limitações. Independentemente de onde esteja posicionado, Saturno ensina a importância da paciência, do comprometimento e do realismo.

Aqueles que tentam evitar a influência de Saturno frequentemente se deparam com ciclos repetitivos de frustração e limitação. Quando Saturno impõe uma lição e a pessoa se recusa a aprender, essa mesma lição retorna de forma cada vez mais severa. Isso pode se manifestar em relacionamentos tóxicos que nunca se resolvem, dificuldades financeiras recorrentes ou a sensação de estar sempre enfrentando os mesmos obstáculos. O caminho para superar a influência de Saturno não é resistir a ela, mas sim aceitá-la e aprender com suas lições.

Ao longo da vida, cada pessoa experimenta Saturno de maneira única, mas seu propósito é sempre o mesmo: garantir que crescemos, evoluímos e nos tornamos indivíduos mais conscientes e responsáveis. Para alguns, isso pode significar abrir mão de ilusões e adotar uma abordagem mais prática da vida. Para outros, pode significar enfrentar medos profundos e aceitar limitações que antes pareciam inaceitáveis. Saturno não é um planeta que traz facilidade ou conforto, mas aqueles que compreendem sua influência e trabalham com sua energia colhem recompensas duradouras.

Os ciclos de Saturno não são apenas momentos de crise; eles são portais de transformação. Aqueles que aprendem a navegar por essas fases com sabedoria descobrem que Saturno, apesar de sua severidade, é um aliado poderoso. Ele ensina que o tempo não deve ser desperdiçado, que cada ação tem uma consequência e que a verdadeira liberdade vem da responsabilidade. Ele não recompensa impulsividade ou imprudência, mas reconhece e fortalece aqueles que respeitam suas leis.

Se há algo que Saturno ensina, é que o tempo não pode ser evitado, mas pode ser compreendido e utilizado de maneira sábia. Aqueles que aprendem a lição de Saturno não temem suas provações; eles as veem como oportunidades para crescer e amadurecer. Saturno é o grande arquiteto da realidade, e aqueles que aprendem a construir suas vidas com base em sua estrutura encontram não apenas estabilidade, mas um senso profundo de propósito e realização.

Sigilos e o Sigilo de Saturno

Os sigilos são uma das mais poderosas e antigas formas de magia existentes. Utilizados por magos, ocultistas e iniciados ao longo dos séculos, os sigilos funcionam como portais para a manifestação da vontade no mundo material. Diferente de encantamentos verbais ou rituais longos e complexos, os sigilos operam através de símbolos, representando intenções codificadas que comunicam diretamente com o inconsciente e com as forças ocultas do universo. A palavra "sigilo" vem do latim sigillum, que significa "selo" ou "marca", e essa definição captura bem a essência do que é um sigilo: um selo de poder, um código simbólico que armazena e direciona energia mágica.

A magia dos sigilos baseia-se no princípio de que símbolos têm poder, especialmente quando são criados e ativados de maneira adequada. Quando um mago desenha um sigilo, ele não está apenas criando um desenho aleatório; ele está construindo um canal de comunicação entre seu desejo e o plano energético. O objetivo é condensar uma intenção em um símbolo visual e, então, carregá-lo com energia suficiente para que ele atue de forma independente. A prática do sigilo é extremamente eficiente porque contorna a mente consciente, aquela parte do cérebro que costuma sabotar desejos e intenções com dúvidas e questionamentos racionais. Ao criar um sigilo e esquecê-lo, ou ativá-lo de maneira subconsciente, a vontade do mago é enviada diretamente ao universo, livre de interferências mentais. Os sigilos podem ser usados para diversos propósitos: proteção, manifestação de desejos, fortalecimento espiritual, desenvolvimento de habilidades ocultas e até mesmo controle do tempo e do destino.

arquiteto da realidade, e aqueles que aprendem a construir suas vidas com base em sua estrutura encontram não apenas estabilidade, mas um senso profundo de propósito e realização.

Cada sigilo tem sua própria assinatura energética, influenciada pelo propósito para o qual foi criado. Alguns são construídos com base na escrita, onde palavras são transformadas em símbolos abstratos, enquanto outros derivam de fórmulas geométricas sagradas que ressoam com forças específicas do cosmos. A ativação de um sigilo pode ocorrer de várias formas, desde a contemplação meditativa até a queima do símbolo para liberar sua energia armazenada.

Entre os sigilos mais poderosos e respeitados dentro do ocultismo, destaca-se o Sigilo de Saturno. Saturno, o grande senhor do tempo, da disciplina, do karma e da estrutura cósmica, tem um sigilo que encapsula sua energia e seus ensinamentos. O Sigilo de Saturno não é apenas um símbolo visual; ele é um canal de acesso ao arquétipo saturnino, uma chave que permite ao mago alinhar-se com as forças do tempo, da ordem e da inevitabilidade do destino.

O Sigilo de Saturno é amplamente utilizado em rituais que envolvem disciplina, aprendizado, superação de obstáculos e proteção contra influências desordenadas. Aqueles que compreendem o verdadeiro poder desse sigilo sabem que ele não concede desejos de maneira imediata ou impulsiva. Diferente de sigilos usados para obtenção rápida de bens materiais ou manipulação de eventos, o Sigilo de Saturno opera a longo prazo, moldando a realidade do praticante para que ele alcance seus objetivos através do esforço contínuo. Ele não concede favores sem trabalho; em vez disso, ele coloca desafios e testes no caminho do mago para garantir que ele esteja preparado para receber o que deseja.

A forma do Sigilo de Saturno varia conforme a tradição e o método de criação, mas ele geralmente contém elementos que representam confinamento, ciclos repetitivos e a passagem inexorável do tempo. Linhas retas, cruzamentos geométricos e símbolos semelhantes a números antigos são comuns na composição do sigilo. Sua estrutura frequentemente remete a portões e fechaduras, pois Saturno é o guardião dos portais entre o mundo material e os mistérios ocultos da existência.

Uma das aplicações mais poderosas do Sigilo de Saturno é no fortalecimento espiritual. Aqueles que desejam desenvolver paciência, resistência e capacidade de lidar com desafios utilizam esse sigilo como um amuleto ou como parte de rituais de autoaprimoramento. Ele ensina que nada acontece sem esforço e que a única maneira de vencer o tempo é compreendê-lo. Iniciados que trabalham com esse sigilo costumam relatar mudanças profundas na maneira como encaram a vida, tornando-se mais resilientes, disciplinados e conscientes da importância do tempo como ferramenta de aprendizado.

Outro uso comum do Sigilo de Saturno é a proteção contra influências caóticas. Saturno representa a ordem e a estrutura, e seu sigilo é frequentemente invocado para criar barreiras contra forças destrutivas. Muitos ocultistas desenham o sigilo em portas, paredes ou até mesmo em suas roupas como uma forma de garantir que nenhuma energia desestabilizadora possa penetrar em seus espaços sagrados.

Em rituais de banimento, o Sigilo de Saturno pode ser usado para encerrar ciclos negativos, eliminando padrões repetitivos de sofrimento e trazendo um novo começo baseado na ordem e no equilíbrio.

No entanto, o sigilo também carrega um lado perigoso. Aqueles que tentam manipulá-lo sem compreender seus ensinamentos podem se encontrar em situações onde a energia de Saturno se manifesta de maneira severa. O sigilo não pode ser usado para atalhos ou para escapar das consequências das ações passadas. Quem tenta enganar as leis saturninas acaba preso dentro delas, enfrentando ciclos de restrição e dificuldades até aprender a lição necessária. Esse é o motivo pelo qual muitos ocultistas alertam para o uso consciente e respeitoso do Sigilo de Saturno.

A ativação desse sigilo pode ser feita de diversas formas, dependendo da intenção do praticante. Uma das maneiras mais tradicionais é através da meditação prolongada, onde o símbolo é visualizado repetidamente até que ele seja incorporado à mente subconsciente. Outra forma eficaz é a escrita ritualística, onde o sigilo é desenhado e carregado com energia através da repetição de mantras saturninos. Alguns ocultistas optam por queimar o sigilo após sua ativação, liberando sua intenção ao universo, enquanto outros o mantêm em locais de poder para que sua influência continue operando ao longo do tempo.

O Sigilo de Saturno também tem uma forte conexão com a astrologia, sendo especialmente potente quando ativado durante períodos de trânsito significativo de Saturno. Rituais envolvendo esse sigilo são mais eficazes quando realizados aos sábados, dia regido por Saturno, e durante os momentos em que o planeta está forte no céu, como em conjunções com o Sol ou retornos astrológicos. Quando utilizado dentro do contexto astrológico adequado, o sigilo ganha ainda mais poder, alinhando-se perfeitamente com os ritmos cósmicos. Ocultistas avançados utilizam o Sigilo de Saturno para acessar mistérios mais profundos sobre o tempo e a estrutura da realidade. Alguns relatos indicam que sua ativação consciente pode levar a experiências de percepção alterada do tempo, onde o passado, o presente e o futuro parecem se fundir em um único fluxo contínuo. Essas experiências são altamente transformadoras, pois permitem que o praticante compreenda como o tempo realmente funciona além da ilusão da linearidade.

O Sigilo de Saturno é, portanto, muito mais do que um simples símbolo; ele é uma ferramenta de poder que pode transformar completamente a vida de quem trabalha com ele. Sua energia ensina resiliência, sabedoria e paciência, guiando o praticante através dos desafios necessários para alcançar a verdadeira maestria sobre si mesmo. Para aqueles que buscam proteção, estrutura e disciplina, o Sigilo de Saturno é um dos instrumentos mais valiosos dentro do arsenal do ocultismo. Mas para aqueles que desejam evitar responsabilidade e tentam ludibriar as leis naturais, ele pode se tornar um lembrete implacável de que nada escapa à ordem cósmica imposta por Saturno.

Como Usar o Sigilo de Saturno?

O Sigilo de Saturno é um dos símbolos mais poderosos dentro do ocultismo e da magia astrológica. Ele encapsula a energia do planeta Saturno, o regente do tempo, da disciplina, da estrutura, da restrição e do karma. Diferente de sigilos mais simples, que podem ser criados para desejos passageiros ou objetivos imediatos, o Sigilo de Saturno opera em um nível profundo, trazendo mudanças que são estruturais e duradouras. Trabalhar com esse sigilo exige paciência, dedicação e um respeito profundo pela energia saturnina, pois seus efeitos não são instantâneos, mas sim progressivos e imutáveis. Ele molda a vida do praticante ao longo do tempo, estabelecendo bases sólidas e removendo aquilo que não é necessário para o crescimento real.

Utilizar o Sigilo de Saturno corretamente significa compreender que ele não funciona como um amuleto de sorte ou como um meio para obter ganhos rápidos. Ele não entrega recompensas sem esforço, mas sim fortalece o indivíduo para que ele se torne digno das conquistas que deseja. Isso significa que qualquer trabalho mágico com o Sigilo de Saturno envolverá testes e desafios. Esses desafios não são punições, mas sim oportunidades para que o praticante se torne uma versão mais forte e sábia de si mesmo. Saturno rege a responsabilidade e a causa e efeito; portanto, ao ativar seu sigilo, o mago está pedindo para ser ensinado por Saturno, e essa jornada pode ser intensa.

O primeiro passo para usar o Sigilo de Saturno é definir com clareza a intenção do trabalho mágico. Diferente de outros sigilos, que podem ser criados para desejos momentâneos, o Sigilo de Saturno deve ser utilizado para objetivos de longo prazo, como o desenvolvimento da autodisciplina, o fortalecimento espiritual, a proteção contra influências externas e a construção de estruturas

sólidas na vida pessoal, profissional ou esotérica. Alguns exemplos de intenções adequadas para esse sigilo incluem:
- Aprimoramento da autodisciplina e responsabilidade.
- Desenvolvimento da paciência e da resiliência.
- Proteção contra forças caóticas e energias desestabilizadoras.
- Melhoria na administração do tempo e no planejamento de vida.
- Ajuda para superar dificuldades kármicas e padrões repetitivos de sofrimento.
- Fortalecimento da conexão com o tempo e os ciclos naturais.
- Estabilidade e solidez em projetos de longo prazo.

Depois de estabelecer uma intenção clara, o próximo passo é criar ou desenhar o Sigilo de Saturno. Existem diferentes versões desse sigilo ao longo da história, mas o mais comum é baseado na geometria sagrada e em símbolos associados ao planeta Saturno. Ele pode ser desenhado em papel, esculpido em metal, gravado em pedra ou tecido em roupas e acessórios. O meio pelo qual ele é representado não é tão importante quanto a energia e a concentração colocadas em seu desenho.

Uma vez que o sigilo foi criado, ele precisa ser ativado e carregado com energia. Existem diversas formas de ativação, e a escolha do método depende da preferência do praticante e da intenção por trás do sigilo. Alguns dos métodos mais eficazes incluem:
- Meditação profunda com o sigilo: O praticante senta-se em um local silencioso e entra em um estado meditativo, contemplando o sigilo e absorvendo sua energia. A visualização é uma ferramenta poderosa nesse processo, permitindo que o sigilo se torne uma parte ativa da consciência do mago.
- Carga energética através da respiração e do toque: O praticante segura o sigilo entre as mãos, concentrando-se profundamente nele enquanto respira lenta e ritmicamente. A cada expiração, ele imagina que sua energia está sendo transferida para o sigilo, despertando sua força e ligação com Saturno.
- Queima ritualística: Alguns ocultistas ativam sigilos queimando-os e deixando as cinzas se dispersarem ao vento. No caso do Sigilo de Saturno, isso pode ser feito para rituais de encerramento de ciclos e

- libertação de padrões negativos, pois Saturno também rege o fim das coisas e a conclusão do que já não serve.
- Uso em rituais saturninos: O Sigilo de Saturno pode ser consagrado durante rituais realizados aos sábados (dia regido por Saturno), especialmente em períodos astrológicos nos quais Saturno está forte no céu, como durante um retorno de Saturno ou em trânsitos importantes com outros planetas.

Após ativado, o sigilo pode ser utilizado de diversas maneiras. Alguns ocultistas preferem carregá-lo consigo, na forma de um pingente, anel ou amuleto. Outros o mantêm em um altar dedicado à energia de Saturno, onde ele pode ser acessado sempre que necessário. Há aqueles que o desenham em portas, paredes ou objetos pessoais para garantir que sua influência esteja constantemente presente no ambiente.

O uso contínuo do Sigilo de Saturno gera mudanças progressivas na vida do praticante. Como Saturno rege o tempo, seus efeitos não são rápidos, mas sim graduais e cumulativos. Com o passar dos meses e anos, aqueles que trabalham com esse sigilo percebem que estão se tornando mais resistentes, mais organizados, mais focados e menos influenciáveis por distrações ou ilusões. A influência de Saturno remove aquilo que é superficial e fortalece aquilo que é essencial, tornando o praticante mais sábio e mais preparado para lidar com os desafios da vida.

Muitos ocultistas utilizam o Sigilo de Saturno para superar ciclos kármicos negativos. Quando uma pessoa percebe que está repetindo os mesmos padrões de fracasso, sofrimento ou limitações, o Sigilo de Saturno pode ser invocado para quebrar essas repetições e trazer novas oportunidades.

No entanto, é importante lembrar que Saturno não oferece soluções fáceis; em vez disso, ele fornece as ferramentas e a força para que o próprio praticante resolva seus problemas. Se um indivíduo deseja superar dificuldades financeiras, por exemplo, o Sigilo de Saturno não trará dinheiro de forma milagrosa, mas ajudará a desenvolver a disciplina e a persistência necessárias para construir uma vida financeira estável.

Outro uso poderoso do Sigilo de Saturno é na proteção contra forças caóticas e influências externas. Como Saturno rege a ordem e a estrutura, seu sigilo pode ser usado para estabilizar um ambiente, afastar energias descontroladas e evitar a interferência de influências negativas. Muitas pessoas que trabalham em ambientes estressantes ou que lidam com pessoas emocionalmente instáveis utilizam esse sigilo como um escudo energético, garantindo que sua própria estabilidade não seja afetada por fatores externos.

O Sigilo de Saturno também pode ser empregado na prática da magia do tempo, permitindo que o praticante desenvolva um relacionamento mais consciente com os ciclos naturais e sua própria linha do tempo pessoal. Alguns ocultistas relatam que o uso prolongado do sigilo aumenta sua percepção do fluxo do tempo, permitindo que eles façam escolhas mais acertadas e evitem desperdícios de energia com caminhos que não levariam a lugar nenhum. Para aqueles que estudam astrologia e trabalham com previsões, o Sigilo de Saturno pode ser um aliado na interpretação e compreensão de eventos futuros.

Há relatos de magos que utilizam o Sigilo de Saturno em práticas avançadas de projeção astral e exploração do tempo. Saturno é o guardião da passagem entre os mundos, e alguns acreditam que seu sigilo pode ser uma chave para acessar estados de consciência onde o tempo é percebido de maneira não linear. Essas experiências são extremamente transformadoras, pois permitem que o praticante veja eventos passados, compreenda padrões futuros e experimente uma percepção mais ampla da realidade.

No entanto, é fundamental lembrar que o Sigilo de Saturno não pode ser usado de forma irresponsável. Aqueles que tentam manipular o tempo sem compreender suas leis podem acabar presos em ciclos intermináveis de repetição e frustração. Saturno ensina que tudo tem um preço, e qualquer tentativa de usar sua energia para obter vantagens sem esforço resultará em um retorno severo. Trabalhar com o Sigilo de Saturno exige maturidade, paciência e um compromisso com o crescimento real.

O Sigilo de Saturno é uma ferramenta poderosa para aqueles que estão dispostos a encarar a realidade, assumir suas responsabilidades e construir uma vida baseada na disciplina e na sabedoria. Ele não concede favores gratuitos, mas fortalece aqueles que compreendem sua natureza e desejam verdadeiramente evoluir. Para aqueles que buscam ordem, proteção, aprendizado e um entendimento mais profundo do tempo e do destino, o Sigilo de Saturno é um dos instrumentos mais valiosos dentro do ocultismo.

O Ritual de Saturno

O Ritual de Saturno é um dos mais poderosos e transformadores dentro do ocultismo. Ele não é um ritual para desejos passageiros ou para aqueles que buscam soluções fáceis; pelo contrário, é um caminho para aqueles que estão prontos para enfrentar seus medos, assumir responsabilidades e se alinhar com a estrutura cósmica do tempo, do destino e do karma. Saturno é o grande mestre, aquele que ensina através da disciplina, da paciência e da superação. Este ritual, conforme descrito em grimórios ocultistas antigos, deve ser realizado com seriedade, pois sua energia pode moldar completamente a vida do praticante.

O objetivo do ritual pode variar de acordo com a necessidade do mago. Pode ser feito para fortalecer a disciplina, romper ciclos negativos, obter proteção contra influências externas, acelerar o aprendizado espiritual, estruturar a vida em uma nova direção ou até mesmo se conectar com as forças do tempo para compreender melhor os ciclos pessoais e coletivos. No entanto, é importante lembrar que Saturno não concede favores sem esforço. Quem entra em contato com sua energia deve estar preparado para enfrentar desafios e provações, pois este é o método de ensino saturnino.

Preparação para o Ritual:

Antes de iniciar o ritual, é essencial estar devidamente preparado. Como Saturno rege a ordem e a disciplina, a preparação do ritual deve seguir uma estrutura rigorosa. O descuido na execução pode enfraquecer o resultado ou até mesmo trazer efeitos inesperados.

1. Escolha do Dia e Horário

O melhor dia para realizar o Ritual de Saturno é o sábado, pois este é o dia regido por Saturno. Se possível, o ritual deve ser feito durante a hora de Saturno, que pode ser calculada de acordo com a astrologia tradicional. O horário ideal é durante a noite, pois Saturno também rege a escuridão e os mistérios ocultos.

2. Espaço Ritualístico

O local onde o ritual será realizado deve ser silencioso e livre de distrações. Se possível, deve ser um espaço sagrado, onde outras práticas espirituais já tenham sido realizadas. O ambiente pode ser purificado com fumaça de mirra ou olíbano, ervas tradicionalmente associadas a Saturno.

Os elementos do espaço ritualístico devem seguir a simbologia saturnina:

- Cores predominantes: preto, chumbo, roxo escuro.
- Objetos simbólicos: cubo negro, cristal de ônix ou obsidiana, relógio ou ampulheta, símbolo do Sigilo de Saturno.
- Velas: uma vela preta ou azul escuro.
- Incensos: mirra, olíbano ou cipreste.

3. Vestimenta e Mentalização

O praticante deve vestir roupas negras ou azul-escuras, evitando qualquer cor vibrante. O preto simboliza o mistério, a introspecção e a conexão com as forças profundas de Saturno. Antes de iniciar o ritual, é necessário um período de meditação para alinhar a mente e o corpo com a energia saturnina. Durante essa meditação, o praticante deve visualizar Saturno como um grande guardião do tempo, um mestre severo, mas justo, que impõe desafios para promover o crescimento espiritual.

Passo a Passo do Ritual:

1. Traçar o Círculo de Saturno

O primeiro passo do ritual é a criação do círculo de proteção, um espaço sagrado onde a energia de Saturno será invocada. Para isso, desenha-se um círculo no chão utilizando sal negro, giz ou carvão, materiais associados a Saturno. Dentro do círculo, devem estar todos os objetos do ritual, incluindo a vela, o sigilo de Saturno e os incensos.

O praticante deve entrar no círculo e dizer:

"Que este círculo seja o limite entre o caos e a ordem, entre a ilusão e a verdade. Eu invoco Saturno, senhor do tempo, para guiar-me nesta jornada de aprendizado e estruturação. Que suas lições sejam reveladas, e que eu tenha a força para compreendê-las e integrá-las."

Enquanto diz essas palavras, o praticante deve visualizar o círculo se fechando como uma barreira de energia protetora.

2. Acendimento da Vela e dos Incensos

A vela preta ou azul-escura deve ser acesa, representando a chama da sabedoria ancestral e a luz da disciplina dentro da escuridão da ignorância. Os incensos devem ser acesos logo depois, permitindo que sua fumaça atue como um canal entre os mundos.

O praticante deve concentrar-se na chama da vela e repetir três vezes:

"Que a luz de Saturno ilumine meu caminho, trazendo disciplina, estrutura e sabedoria. Que o tempo revele seus segredos e que minha mente esteja pronta para recebê-los."

3. Ativação do Sigilo de Saturno

O sigilo de Saturno deve ser colocado no centro do círculo ritualístico. O praticante deve segurar as mãos sobre ele, fechando os olhos e sentindo a energia emanando do símbolo. Este é o momento de carga energética, onde a intenção do ritual deve ser reforçada.

Se o objetivo do ritual for fortalecer a disciplina, o praticante deve visualizar a si mesmo tornando-se mais resistente, mais focado e mais capaz de enfrentar desafios. Se o propósito for proteção, deve imaginar um escudo invisível sendo construído ao redor de sua aura, barrando qualquer energia negativa.

Neste momento, a seguinte invocação deve ser feita:

"**Eu chamo pelo Guardião do Tempo, pelo Senhor da Estrutura, pelo Mestre da Justiça Cósmica. Saturno, que rege o destino e ensina através das provações, que sua força esteja presente neste espaço, moldando minha existência com sabedoria e disciplina. Conceda-me visão para compreender suas lições e coragem para enfrentá-las.**"

O praticante deve então tocar o sigilo com ambas as mãos, sentindo a energia vibrando através dele. Esse é o momento mais intenso do ritual, pois é quando a conexão com Saturno se estabelece de maneira profunda.

4. Recitação do Mantra de Saturno
Para reforçar a invocação, um mantra associado a Saturno pode ser repetido em voz alta ou em sussurros. Um dos mais poderosos é:
"Om Shanaye Namah"
Este mantra deve ser repetido 108 vezes, pois o número 108 está associado aos ciclos kármicos e ao poder da repetição dentro da tradição esotérica. Durante essa repetição, o praticante pode sentir mudanças sutis na percepção do tempo, uma sensação de profundidade e estabilidade tomando conta de sua mente.

5. Encerramento e Selamento da Energia
Após a recitação do mantra e a absorção da energia de Saturno, o praticante deve selar a energia do ritual dizendo:
"**Saturno, guardião do tempo e da sabedoria eterna, agradeço por sua presença e por suas lições. Que esta conexão permaneça ativa, trazendo disciplina e clareza ao meu caminho. O círculo será desfeito, mas o conhecimento permanecerá.**"
A vela deve ser apagada lentamente, e o praticante deve permanecer em silêncio por alguns minutos, absorvendo as últimas impressões do ritual.
O círculo então deve ser aberto, desfazendo qualquer barreira criada no

início do ritual. O sigilo de Saturno pode ser guardado como um amuleto, colocado no altar ou queimado, dependendo da intenção do ritual.

Benefícios do Ritual:

Os benefícios desse ritual são profundos e duradouros. Ele não traz resultados imediatos, mas cria mudanças estruturais na vida do praticante. Entre os benefícios mais comuns relatados estão:
- Aumento da disciplina e da resistência mental.
- Maior clareza sobre propósito de vida e responsabilidades.
- Proteção contra influências externas e energias caóticas.
- Capacidade aprimorada de lidar com dificuldades e superar desafios.
- Maior compreensão do tempo e de como sincronizar ações com os ciclos naturais.
- Sensação de estabilidade e equilíbrio emocional.

Esse ritual deve ser feito apenas quando necessário, pois sua energia é intensa e pode desencadear mudanças inesperadas. No entanto, para aqueles que estão preparados, ele é um dos meios mais eficazes de se alinhar com a força transformadora de Saturno e obter seus benefícios.

Como usar Saturno e o Rito de Saturno na Sua Vida de Maneira Prática

Esse livro é um livro de uma bruxa para milhares de bruxos, mas você não precisa necessariamente fazer rituais, você pode incorporar o ritual de Saturno na sua vida de uma maneira mais prática.

A energia de Saturno é uma das mais profundas e transformadoras dentro do ocultismo e da astrologia. Sua influência está presente em todos os aspectos da vida cotidiana, pois Saturno governa o tempo, a estrutura, a disciplina, a responsabilidade e a ordem cósmica. Compreender como usar o Rito de Saturno, o Cubo Negro e a simbologia saturnina no dia a dia pode ser um caminho poderoso para aqueles que desejam uma vida mais organizada, resiliente e alinhada com os princípios da realidade. Diferente de outras práticas esotéricas que buscam manifestação instantânea ou benefícios rápidos, a magia de Saturno opera a longo prazo, moldando a vida do praticante de maneira duradoura e definitiva.

Saturno ensina que tudo tem um preço. Não há atalhos, não há concessões gratuitas. Sua energia rege a lei do karma, garantindo que cada ação tenha uma consequência proporcional. Por isso, integrar Saturno na vida cotidiana significa aceitar suas lições de autodisciplina, responsabilidade e construção gradual de um destino sólido. Ele não concede favores arbitrários, mas fortalece aqueles que respeitam suas regras e trabalham consistentemente para alcançar seus objetivos. Se você deseja estabilidade, proteção contra influências externas e um entendimento mais profundo da vida, Saturno pode ser seu maior aliado.

O primeiro passo para trazer a energia de Saturno para a vida diária é compreender sua simbologia. O Cubo Negro é um dos principais símbolos saturninos e representa a limitação da matéria, a organização da realidade e a necessidade de superar barreiras internas. Muitos ocultistas utilizam o Cubo Negro como um foco de meditação, uma âncora energética que os ajuda a permanecerem centrados diante das dificuldades. Esse cubo pode ser um objeto físico, uma imagem ou até mesmo uma construção mental, servindo como um lembrete constante da força e da estabilidade de Saturno.

Para utilizar o Cubo Negro no cotidiano, algumas práticas podem ser integradas à rotina:

Meditação com o Cubo Negro
Todos os dias, reserve alguns minutos para visualizar um cubo negro em sua mente. Imagine que ele é feito de um material sólido e impenetrável, representando sua força interior. Conforme respira profundamente, visualize suas preocupações e inseguranças sendo absorvidas pelo cubo, deixando sua mente mais clara e organizada. Esse exercício ajuda a manter a estabilidade emocional e a resistir a influências externas.

Uso do Cubo Negro como Amuleto
Carregar um cubo negro pequeno, feito de obsidiana, ônix ou hematita, pode servir como uma proteção energética contra distrações e interferências externas. Sempre que sentir que está perdendo o foco ou sendo influenciado por forças externas, segure o cubo na mão e lembre-se da disciplina de Saturno.

Colocação do Cubo Negro no Ambiente
Ter um cubo negro em sua mesa de trabalho ou em seu espaço de estudo pode aumentar sua concentração e ajudá-lo a manter uma rotina disciplinada. Se possível, posicione-o em um local onde você possa vê-lo regularmente, reforçando sua intenção de permanecer organizado e focado.
Além do Cubo Negro, a simbologia de Saturno pode ser incorporada de outras formas. O Sigilo de Saturno é um dos símbolos mais utilizados para invocar sua energia no cotidiano. Esse sigilo pode ser desenhado em um pedaço de papel e guardado na carteira, tatuado na pele ou colocado em objetos pessoais. Sua função é atuar como um selo de disciplina e proteção, garantindo que o praticante esteja sempre alinhado com a força de Saturno.

Outra maneira eficaz de trazer Saturno para a vida diária é através do Rito de Saturno. Esse rito não precisa ser realizado apenas em ocasiões especiais; ele pode ser adaptado para ser incorporado em pequenas práticas diárias. Algumas formas de fazer isso incluem:

Ordem e Estrutura na Rotina

O Rito de Saturno pode ser vivido através da criação de uma rotina disciplinada. Estabeleça horários fixos para acordar, trabalhar, estudar e descansar. Respeitar essa estrutura reforça sua conexão com a energia de Saturno e ajuda a evitar procrastinação e dispersão.

Disciplina Alimentar e Física

Saturno rege o corpo físico e a longevidade. Para trabalhar com sua energia no cotidiano, é essencial manter uma alimentação equilibrada e um regime de exercícios regulares. Escolha alimentos que nutram o corpo de forma saudável e evite excessos. Exercícios como caminhada, ioga e treinamento de resistência são ótimos para cultivar a energia saturnina.

Uso de Mantras e Invocações

Durante o dia, repetir mantras saturninos pode fortalecer sua energia e mantê-lo alinhado com os princípios de disciplina e foco. Um dos mantras mais poderosos é "Om Shanaye Namah", que pode ser recitado 108 vezes ao longo da semana, especialmente aos sábados.

Vestimenta e Cores de Saturno

Incorporar as cores de Saturno em suas roupas pode sutilmente alinhar sua energia com a vibração desse planeta. Preto, azul-escuro e chumbo são cores que evocam a seriedade e a estabilidade saturninas. Usar acessórios feitos de chumbo ou pedras negras também pode reforçar essa conexão.

Outro aspecto fundamental para trazer Saturno para a vida cotidiana é o uso consciente do tempo. Saturno rege o tempo e ensina que cada momento deve ser aproveitado com responsabilidade. Isso significa evitar desperdícios, definir metas de longo prazo e adotar hábitos produtivos. Algumas práticas incluem:

Planejamento e Organização
Manter um diário ou um planner pode ser uma ferramenta eficaz para alinhar-se com Saturno. Antes de dormir, escreva as tarefas do dia seguinte e organize suas prioridades. Isso não apenas melhora sua produtividade, mas também fortalece sua conexão com a energia de Saturno.

Compromisso com Metas de Longo Prazo
Saturno não é um planeta que favorece ganhos imediatos. Trabalhar com sua energia significa desenvolver a paciência e a persistência. Defina objetivos que exigem esforço contínuo e trabalhe neles diariamente, sem pressa, mas com consistência.

Evitar Distrações e Superficialidade
Saturno ensina que a profundidade é mais valiosa do que a superficialidade. No cotidiano, isso pode ser aplicado evitando distrações excessivas, como redes sociais em excesso, entretenimento fútil e conversas sem propósito. Direcione sua atenção para atividades que realmente contribuam para seu crescimento.

A magia de Saturno pode ser aplicada também na proteção contra energias negativas. Criar um escudo saturnino ao redor de si pode ser útil para aqueles que trabalham em ambientes caóticos ou estão constantemente expostos a pessoas de energia densa. Para isso, uma prática eficaz é a seguinte:

Visualização do Escudo de Saturno

Antes de sair de casa, feche os olhos e visualize um cubo negro de energia se formando ao seu redor. Imagine que esse cubo é sólido e impenetrável, bloqueando qualquer influência externa que possa desestabilizá-lo. Sinta-se protegido e focado ao longo do dia.

Uso de Símbolos de Saturno para Proteção

O Sigilo de Saturno pode ser desenhado em pequenos papéis e colocado dentro do carro, da carteira ou do escritório. Ele age como um selo protetor, garantindo que a energia de Saturno esteja sempre presente.

Banimento de Energias Caóticas

Sempre que sentir que está sendo afetado por energias desestabilizadoras, reserve alguns minutos para traçar o Sigilo de Saturno no ar com os dedos. Imagine que esse sigilo está criando uma barreira de proteção ao seu redor.

A presença de Saturno na vida cotidiana não apenas protege e organiza, mas também fortalece a mente e o espírito. Aqueles que aprendem a integrar sua energia se tornam mais resistentes, menos afetados por desafios e mais preparados para lidar com as adversidades da vida. Saturno não promete uma jornada fácil, mas sim uma jornada recompensadora, onde cada conquista é fruto do próprio esforço.
Trabalhar com Saturno no dia a dia é um compromisso com a seriedade, a estabilidade e o crescimento real. Ele não favorece ilusões ou atalhos, mas premia aqueles que constroem suas vidas com base na paciência e no trabalho consistente. Se você deseja integrar essa energia à sua vida, lembre-se: Saturno não concede nada sem merecimento, mas para aqueles que seguem suas lições, ele oferece a chave para uma vida de realização verdadeira.

Como eu, Carol Capel, uso a Energia de Saturno na Minha Vida:

Se você quer realmente estruturar sua vida, alcançar seus objetivos sem distrações e construir algo sólido e duradouro, você precisa aprender a trazer a energia de Saturno para o seu cotidiano. Eu vivo isso todos os dias, e posso te garantir que é um caminho que exige comprometimento, mas traz resultados inegáveis. Não é sobre atalhos, não é sobre soluções rápidas — é sobre disciplina, planejamento e ordem. Se você quer evoluir, pare de viver no caos e assuma o controle da sua realidade.

A primeira coisa que você precisa entender é que a forma como você se apresenta ao mundo reflete sua mentalidade interna. Eu escolho vestir roupas pretas e sóbrias porque isso me alinha com a energia da seriedade e do compromisso. O preto é a cor da introspecção, da proteção e da ausência de distrações. Quando você elimina cores vibrantes e chamativas do seu vestuário, você também elimina ruído da sua vida. Você se torna uma presença firme e inabalável, uma pessoa que transmite força e autoridade.

Agora, se você quer ter uma vida organizada e produtiva, precisa parar de contar com a memória e com a improvisação. Eu tenho agenda para tudo. Isso não é frescura, é necessidade. Se você quer atingir qualquer coisa na vida, precisa planejar seus dias, semanas e meses com antecedência. Não existe essa de "vou lembrar depois" ou "depois eu resolvo". O tempo é um recurso que Saturno ensina a respeitar, e quem não sabe administrar o tempo acaba desperdiçando sua própria existência.

Seja obsessivo com seu planejamento de longo prazo. Sonhos são bonitos, mas sem um plano concreto, eles não passam de ilusões. Eu estabeleço metas de longo prazo porque sei exatamente onde quero chegar. Isso significa que cada pequena ação no meu dia tem um propósito, cada escolha é estratégica, cada decisão me aproxima mais dos meus objetivos. Não adianta querer conquistar algo grandioso sem um plano bem estruturado. Quer crescer? Quer conquistar? Comece agora a desenhar um plano realista e execute todos os dias.

E por falar em metas, aprenda a desenvolver hyperfoco. Eu não sou daquelas pessoas que começam um projeto hoje e amanhã já estão distraídas com outra coisa. Se eu começo algo, eu termino. Se você quer algo, mergulhe naquilo e se comprometa de verdade. Tire as distrações do seu ambiente, evite conversas inúteis, pare de se deixar levar por qualquer novidade passageira. O mundo está cheio de gente dispersa que nunca constrói nada porque não sabe se concentrar. Você quer ser essa pessoa ou quer ser alguém que realmente faz acontecer?

Outra coisa essencial: ordem no ambiente reflete ordem na mente. Eu prezo pela ordem dentro de casa porque sei que um espaço bagunçado significa um cérebro bagunçado. Se você não consegue nem organizar suas próprias coisas, como espera organizar sua vida? Tire tudo o que é desnecessário, elimine excessos, mantenha seu espaço limpo e funcional. A energia de Saturno rege a estrutura, e a estrutura começa no seu ambiente. Cada objeto no lugar certo, cada coisa com um propósito. Isso não é TOC, isso é eficiência.

E se você quer atrair respeito e ser levado a sério, precisa aprender a impor limites. Saturno não permite desordem, e você também não deve permitir. Eu não deixo que invadam meu tempo, minha energia ou meu espaço sem permissão. Dizer "não" é essencial. Quem não sabe dizer "não" vira capacho dos outros, se sobrecarrega e nunca consegue focar no que realmente importa. Se algo não está alinhado com seus objetivos, elimine. Se alguém não respeita sua organização e suas prioridades, essa pessoa não merece seu tempo.

Se você aplicar isso tudo na sua vida, vai perceber mudanças muito rápido. Você vai sentir mais clareza, mais domínio sobre sua rotina, mais foco no que realmente importa. Mas eu te aviso: esse caminho não é para os fracos. As pessoas ao seu redor vão estranhar, vão dizer que você está "sério demais", "certinho demais", "obsessivo demais". Ignore. Saturno ensina que apenas aqueles que perseveram e mantêm sua estrutura intacta colhem os frutos da estabilidade e do sucesso.

A pergunta final é: você quer ser uma dessas pessoas que vivem sem direção, perdidas no caos, ou quer ser alguém que constrói algo grande e duradouro? Se quer se tornar essa pessoa, comece agora. Planeje, organize, foque e execute. O tempo está passando, e a única pessoa que pode decidir como usá-lo é você.

Se você realmente quer estruturar sua vida e alcançar algo de verdade, precisa parar de agir como a maioria das pessoas que vivem no caos, sem disciplina, sem rumo e sem propósito. Você quer evoluir? Quer se destacar? Então precisa adotar uma mentalidade saturnina e transformar sua rotina, sua mente e seu ambiente para refletirem essa energia.

Não existe crescimento sem ordem. Não existe conquista sem planejamento. E não existe poder sem disciplina. Você precisa estruturar sua vida como uma fortaleza, onde cada escolha é calculada e cada passo tem um propósito. Não estou falando de rigidez sem sentido, mas sim de focar no essencial e eliminar o que não contribui para seus objetivos.

A disciplina começa com a sua aparência:
A maneira como você se veste e se apresenta ao mundo diz muito sobre a forma como encara a vida. Eu escolho roupas pretas e sóbrias porque isso me coloca em sintonia com a energia de Saturno. Preto não é apenas uma cor; é um estado mental. É a ausência de distrações, a introspecção, a seriedade. Pessoas que usam preto transmitem autoridade, respeito e estabilidade. Se você veste qualquer coisa sem pensar, já está demonstrando falta de disciplina. Escolha sua vestimenta com consciência. Cada peça de roupa que você veste deve reforçar sua identidade e sua postura diante do mundo.

Nada de cores vibrantes ou estampas chamativas que desviam a atenção daquilo que realmente importa: você e sua presença. Saturno rege a estrutura e a contenção. Você não precisa chamar atenção pela excentricidade, mas sim pela força da sua postura, pela seriedade do seu olhar e pela firmeza da sua presença.

Tenha uma agenda:

Você acha que grandes líderes e visionários fazem as coisas "de cabeça", sem organização? Acredita que apenas confiar na memória é suficiente para dar conta de tudo? Se sim, pare agora e reveja sua estratégia. Eu tenho agenda para tudo. Não porque gosto de listas, mas porque sei que o tempo é um recurso valioso e não pode ser desperdiçado.

Planejar cada dia, cada semana e cada mês significa que você está no controle. Quem não tem agenda está à mercê do acaso, sendo puxado de um lado para o outro sem direção. Se você não controla o seu tempo, alguém vai controlar por você. E pode ter certeza: o mundo está cheio de pessoas e sistemas prontos para tomar seu tempo e drená-lo com distrações e obrigações inúteis.

Acorde e defina o que precisa ser feito. Escreva. Priorize. Organize. E mais importante: CUMPRA. Não adianta nada fazer listas e não segui-las. Comprometa-se com a sua própria estrutura. Se você decide algo, execute. Quem vive no improviso está condenado a resultados medíocres.

Planeje o longo prazo:

A maioria das pessoas vive no piloto automático, sem visão de futuro. Elas se preocupam apenas com o que vão fazer amanhã ou na próxima semana, mas nunca param para estruturar os próximos cinco, dez, vinte anos.

Isso é um erro gravíssimo. Se você não tem um plano de longo prazo, sua vida vai passar sem que você perceba.

Eu defino metas para décadas, não apenas para meses. Sei onde quero estar daqui a dez anos e trabalho todos os dias para isso. Quer estabilidade? Quer sucesso? Então comece a construir agora. O longo prazo é o que define vencedores e perdedores.

Se você quer algo grande, precisa pensar como Saturno pensa: com paciência e persistência. Nada que é sólido é construído da noite para o dia. Se você não consegue esperar, se não consegue trabalhar duro por anos sem ver grandes resultados imediatos, então você nunca vai conquistar nada de valor real.

Cada dia que passa sem um plano é um dia desperdiçado. Comece agora a definir quem você quer ser daqui a uma década – e tome decisões que o aproximem desse destino.

Hyperfoco:
Vivemos em uma época onde as distrações estão por toda parte. Redes sociais, notícias irrelevantes, conversas vazias, séries intermináveis... Tudo isso existe para roubar sua atenção e impedir que você cresça. Se você quer dominar sua vida, precisa aprender a desenvolver hyperfoco nos seus objetivos.
Isso significa:
- Elimine tudo o que não contribui para seus planos. Pergunte-se antes de fazer algo: "Isso me aproxima do meu objetivo ou é apenas entretenimento vazio?"
- Crie períodos de concentração absoluta. Desligue o celular, saia das redes sociais, isole-se do barulho e foque em uma única tarefa por vez.
- Seja brutalmente seletivo com o que entra na sua mente. Você não pode consumir qualquer informação aleatória. O que você lê, vê e escuta deve agregar valor ao seu crescimento.

Se você não consegue manter o foco por mais de dez minutos, precisa urgentemente treinar sua mente para resistir às distrações. Sem hyperfoco, você nunca chegará a lugar nenhum.

O ambiente é um reflexo da sua mente - Limpe e organize a sua casa!
Se sua casa está desorganizada, sua mente também está. Se sua mesa está uma bagunça, sua vida também está. Não adianta querer estruturar seu futuro se você não consegue nem organizar o ambiente ao seu redor.

Eu prezo pela ordem dentro de casa porque sei que um ambiente limpo, organizado e funcional permite que minha mente trabalhe de forma clara e eficiente. Cada coisa tem seu lugar, e nada está ali por acaso.

Quer mais clareza mental? Limpe seu espaço. Jogue fora o que não tem utilidade. Livre-se do excesso de objetos, roupas, papéis e quinquilharias que só ocupam espaço e energia. Uma casa limpa é uma mente organizada.

Imponha limites:
Saturno ensina que tudo deve ter limites bem definidos. Você precisa aprender a dizer "não".
- Não para compromissos que não agregam nada.
- Não para pessoas que drenam sua energia.
- Não para distrações disfarçadas de produtividade.

Se você não estabelece limites, será sempre interrompido, sobrecarregado e empurrado para longe dos seus objetivos. Defina suas regras e as siga. Se alguém não respeita sua disciplina, afaste-se.

Seu tempo é precioso demais para ser desperdiçado com coisas irrelevantes.

O tempo é seu bem mais precioso:
Se há uma lição essencial que Saturno ensina é esta: o tempo é um recurso finito, e cada segundo perdido jamais será recuperado.

Aproveite cada dia com consciência. Tenha metas. Elimine distrações. Estruture seu tempo para que ele trabalhe a seu favor, e não contra você.

Você quer conquistar algo grandioso? Então viva como alguém que já conquistou. Não há espaço para preguiça, para desculpas ou para adiamentos. Aja agora. Planeje agora. Execute agora.

Lembre-se: Saturno não tolera fraqueza. Ele recompensa aqueles que trabalham duro, que respeitam o tempo e que constroem algo sólido para si mesmos.

A única pergunta que importa é: você vai viver no caos ou vai assumir o controle da sua vida? Se escolher o controle, comece hoje. Organize-se. Discipline-se. Estruture-se. Seja alguém que constrói um legado, e não apenas mais uma pessoa perdida no fluxo do tempo.

Elaborando Mais Sobre organização e a Mente:

A bagunça do ambiente reflete diretamente no estado mental e emocional de uma pessoa. Muitos subestimam o impacto do espaço físico sobre a mente, acreditando que a desordem externa é um problema menor, algo que pode ser ignorado sem consequências. No entanto, o contrário é verdade: o ambiente em que vivemos molda nossos pensamentos, emoções e até nossa produtividade. Se sua casa está desorganizada, bagunçada ou cheia de coisas desnecessárias, sua mente também estará. Se sua mesa está cheia de papéis e objetos acumulados, sua mente estará sobrecarregada de pensamentos dispersos. Se suas gavetas estão caóticas, seu foco estará comprometido. Culturas antigas já compreendiam essa conexão entre espaço e mente. O Feng Shui, uma arte milenar chinesa de organização e harmonização dos ambientes, ensina que cada elemento dentro de um espaço influencia a energia da pessoa que vive ali. Segundo o Feng Shui, um ambiente desorganizado gera estagnação da energia vital (Qi), dificultando o fluxo da criatividade, da prosperidade e da clareza mental. Não é coincidência que pessoas que vivem em espaços caóticos muitas vezes se sentem cansadas, sem direção e incapazes de manter o foco.

> **"Nada quebrado**
> **Nada faltando**
> **Nada fora do lugar"**
> Romanos 5:1

O impacto da desordem na mente também tem respaldo na neurociência. Estudos mostram que a sobrecarga visual causada pela bagunça aumenta os níveis de cortisol, o hormônio do estresse. Quando há muitos objetos espalhados pelo ambiente, o cérebro é constantemente estimulado por informações desnecessárias, o que compromete sua capacidade de concentração e aumenta a sensação de ansiedade. Ou seja, viver em um ambiente desorganizado é o equivalente a carregar peso extra na mente — um peso invisível, mas que está sempre presente.

Agora pense no seguinte: se sua mente já tem tantas preocupações diárias, por que você iria querer adicionar ainda mais confusão? Seu ambiente deveria ser um refúgio, um lugar onde sua energia pode se renovar, e não mais uma fonte de estresse. Uma casa limpa e organizada não é apenas estética; é funcionalidade para o cérebro.

Gavetas Bagunçadas e a Desordem Interna
Vamos começar por um detalhe que muitas pessoas ignoram: as gavetas. Pode parecer irrelevante, mas a maneira como suas gavetas estão organizadas diz muito sobre o estado da sua mente. Uma gaveta bagunçada representa pensamentos confusos, decisões adiadas e falta de clareza sobre o que é realmente necessário. Quando você abre uma gaveta cheia de objetos misturados, você perde tempo procurando o que precisa. Mas, mais do que isso, sua mente registra aquela bagunça como um problema não resolvido.

A desordem física é uma manifestação do adiamento de decisões. Pense nisso: se sua gaveta está cheia de papéis acumulados, fones de ouvido embolados, chaves soltas e objetos que você nem se lembra por que guardou, significa que em algum momento você evitou tomar decisões sobre esses itens. Você não decidiu se precisava deles, se devia organizá-los ou descartá-los. Isso se transfere para sua vida em geral — se você posterga a organização do seu ambiente, provavelmente também posterga decisões importantes em outras áreas da sua vida.

O ritual de organizar gavetas pode ser incrivelmente terapêutico. Cada objeto que você retira e reorganiza é um símbolo de uma decisão sendo tomada. O ato físico de colocar as coisas em ordem ensina sua mente a fazer o mesmo com seus pensamentos. Você perceberá que, após organizar uma gaveta, sentirá uma sensação de clareza mental e controle que não existia antes.

O Perigo da Sujeira e da Energia Parada

Além da bagunça, a sujeira acumulada também influencia a mente e as emoções. Um espaço sujo não apenas contém poeira e germes, mas também carrega energia estagnada. Se você já entrou em um local abandonado, deve ter sentido uma sensação pesada, quase sufocante. Isso acontece porque a falta de circulação de ar, de limpeza e de organização cria um campo energético denso e negativo.

Dentro do Feng Shui, há uma crença de que a sujeira e o pó acumulado representam energias antigas e presas no passado. Assim como uma casa suja impede a entrada de luz e ar fresco, uma mente desorganizada impede o fluxo de novas ideias e oportunidades. O ambiente precisa de movimento, renovação e limpeza para que a energia possa circular livremente.

Por isso, manter sua casa limpa não é apenas uma questão de higiene, mas também de saúde mental e emocional. Uma boa prática para trazer vitalidade ao seu ambiente é fazer limpezas profundas regularmente, abrindo janelas, removendo poeira acumulada e se livrando de objetos quebrados ou sem utilidade. Isso cria um espaço mais leve e dinâmico, permitindo que sua mente também se sinta renovada.

Minimalismo e o Poder do Espaço Vazio

Um dos conceitos mais importantes quando falamos de organização mental e ambiental é o minimalismo. Diferente do que muitos pensam, minimalismo não significa viver com pouquíssimos objetos ou ter uma casa vazia, mas sim manter apenas aquilo que tem um propósito real.

O espaço vazio tem poder. No design de interiores, o espaço negativo (áreas livres sem objetos) é essencial para criar harmonia e equilíbrio visual. O mesmo vale para sua vida: se você vive rodeado de excesso — de roupas, de papéis, de utensílios inúteis — sua mente também ficará sobrecarregada.

Marie Kondo, especialista em organização, ensina que devemos manter apenas os objetos que "trazem alegria" ou que realmente servem a um propósito. Isso se aplica não apenas a roupas e objetos, mas também às informações que consumimos e às pessoas com quem convivemos.

Eliminar excessos cria espaço para o que realmente importa.

O Impacto da Bagunça no Sono e na Produtividade

Se sua cama está cheia de roupas jogadas ou de objetos que não pertencem ali, seu cérebro entende que aquele espaço não é de descanso, mas de acúmulo. Da mesma forma, se sua mesa de trabalho está desorganizada, seu cérebro recebe um sinal de desordem e dificuldade de concentração.

Uma pesquisa realizada pela Princeton University Neuroscience Institute demonstrou que ambientes bagunçados reduzem significativamente a capacidade de foco. Quando há muitos estímulos visuais desnecessários, o cérebro tem mais dificuldade em processar informações e priorizar tarefas. Isso significa que um espaço desorganizado torna qualquer trabalho mental mais cansativo e menos eficiente.

Se você deseja melhorar seu sono e sua produtividade, comece pelo seu ambiente. Uma cama bem arrumada, um espaço de trabalho limpo e uma casa organizada criam uma atmosfera de tranquilidade e foco.

Transformando seu Ambiente em uma Extensão da Sua Mente

Se sua mente fosse representada fisicamente, como ela seria? Bagunçada, cheia de coisas empilhadas sem critério, ou espaçosa, funcional e bem organizada?

Cada detalhe do seu ambiente deve refletir a clareza e a ordem que você deseja em sua vida. Aqui estão algumas mudanças simples que você pode implementar para transformar seu espaço em uma extensão da sua mentalidade:

1. Livre-se do que não usa: objetos sem utilidade ocupam espaço mental e energético. Doe, venda ou descarte o que não serve mais.
2. Mantenha cada coisa em seu lugar: crie um sistema onde cada objeto tem um local definido. Isso reduz a sobrecarga mental de procurar coisas no dia a dia.
3. Cuide das pequenas coisas diariamente: um ambiente organizado não se mantém sozinho. Pequenos hábitos como limpar sua mesa

- antes de dormir e dobrar roupas imediatamente fazem uma grande diferença.
- Crie rituais de organização: transforme a arrumação do ambiente em um momento de renovação, colocando uma música calma e mentalizando a energia fluindo pelo espaço.
- Aplique o conceito de espaço negativo: permita que sua casa tenha áreas livres, sem acúmulo de móveis e objetos. Espaço vazio é espaço de respiro para a mente.

Sua casa é uma extensão do seu estado mental. Se você deseja clareza, produtividade e paz, comece pelo lugar onde você vive. Cada objeto fora do lugar, cada sujeira acumulada e cada bagunça ignorada são reflexos diretos do que está acontecendo dentro de você. Transforme seu espaço e verá sua mente se transformar junto com ele.

Agradecimentos:

Se você chegou até aqui, significa que percorreu um caminho de aprendizado e reflexão que vai além do comum. Este livro não foi escrito para satisfazer curiosidades superficiais ou oferecer respostas fáceis. Ele foi criado para aqueles que buscam compreender as engrenagens ocultas da realidade, para aqueles que não têm medo da verdade, para aqueles que sabem que o conhecimento é um fardo tanto quanto uma bênção.

Saturno não concede recompensas gratuitas, e a leitura deste livro seguiu essa mesma filosofia. Se você leu cada palavra, absorveu cada conceito e refletiu sobre cada ensinamento, então você já deu um passo à frente no caminho da estrutura, do crescimento e da libertação do tempo e das ilusões. Você agora carrega consigo um conhecimento que poucos têm coragem de buscar, pois ele exige esforço, comprometimento e, acima de tudo, ação prática na vida real.

Quero agradecer a cada pessoa que dedicou seu tempo e sua energia a esta jornada. Saturno ensina que o tempo é o recurso mais valioso que possuímos, e você escolheu investir o seu no estudo deste conhecimento. Isso, por si só, já demonstra sua seriedade e sua conexão com os princípios deste livro.

Agradeço também àqueles que, de alguma forma, já estavam vivendo sob a energia de Saturno antes mesmo de entenderem isso conscientemente. Vocês, que sempre buscaram ordem no meio do caos, que aprenderam a disciplina como ferramenta de poder, que respeitam o tempo e compreendem o peso das escolhas, fazem parte de uma linhagem de almas que se recusam a ser levadas pelo fluxo inconsciente do mundo.

Agradeço aos que sentem que, a partir desta leitura, começaram a enxergar sua própria vida com outros olhos. A jornada saturnina não termina aqui. O conhecimento não tem valor se não for aplicado. Este livro não é um fim, mas um começo. Agora é o momento de usar essas informações para transformar sua realidade, de alinhar-se conscientemente com Saturno e permitir que ele seja seu mestre, seu guia e seu guardião.

Se este livro ajudou você a compreender melhor o tempo, a disciplina, o karma, o destino e a ordem invisível que governa nossa existência, então ele cumpriu seu propósito.

E, por fim, agradeço a Saturno. A energia que molda, que disciplina, que ensina. Sem ele, a vida seria um fluxo desgovernado, sem aprendizado e sem estrutura. Agradeço pelas lições, pelos desafios, pelos testes e, acima de tudo, pela clareza que vem para aqueles que aceitam sua orientação.

A jornada não termina aqui. Saturno continua girando, estruturando, cobrando e ensinando. Que este conhecimento seja uma âncora para aqueles que desejam construir algo sólido, resistir ao tempo e transcender suas próprias limitações.

Muito obrigada. Que Saturno guie seu caminho – com rigor, mas também com justiça.

Made in United States
Orlando, FL
25 March 2025